창조를 위한 창의학 콘서트

송세진

머리말

창의성이란 무엇인가.

이 질문에 대한 호기심으로 〈창의학 콘서트〉라는 책을 시작하게 되었다. 하지만 창의성에 관한 연구들과 문헌들을 읽을 수록 창의성이란 복잡하고 어려운 것이라는 것을 깨달았고, 창의성을 완벽하게 이해할 수 없을 것이라는 불안감이 생기기도 했다.

창의성의 역사는 인류의 역사 만큼 오래 되었고, 창의성의 분류도 우리가 알고 있는 혹은 알지 못하는 산업과 전공 만큼이나 많은 종류로 되어 있다. 현재도 창의성은 계속 진화 중이고, 발전 중이다.

이 책에서는 창의성에 대해 포괄적인 이해를 위해 창의성의 기초부터 응용까지 넓은 시각으로 바라보았다. 그래서 창의성에 대해서 언급되는 상반된 주장들과 연구들이 현실에서 부딪히는 순간까지 모두 담았다. 창의성을 발휘할 수 있는 환경과 방법이 개인 레벨과 그룹 레벨에서 다르다는 점, 그리고 비즈니스 레벨의 창의성에서는 창의성의 활용도가 더 높은 것도 흥미로운 발견이다.

여기서 저자는 창의성이 무엇인지에 대한 정확한 정의를 내리기보다는, 읽는 독자들이 각자 창의성이란 무엇인지 결정하게 돕는 역할을 하고 싶다. 그렇게 된다면 여러 관점에서 창의성에 대한 정의가 많이 탄생할 수 있을 거 같다는 기대감이 있기 때문이다.

2013년, 〈창의학 콘서트〉를 처음으로 집필하면서 창의성에 대한 자신감으로 시작했었다. 하지만 7년이 지난 지금, 내용을 더 보충하고 책을 다듬으면서 창의성에 대한 겸손함이 생겼다. 철학자 니콜

라이 베르자예프의 “너무 완전하면 창조하기를 멈춘다” 라는 말에 전적으로 공감하며 위안을 얻으며 창의성의 신비로운 매커니즘을 알아보려고 노력한 것 같다. 인간은 완벽할 수 없기에 완벽에 가까이 다가갈 수 있도록 끊임없이 달려가고 있다. 그리고 창의성이란 우리가 그렇게 달려갈 수 있도록 힘을 주는 동기 부여 중 하나이다. 그렇다고 해서 모든 일을 다 창의적으로 할 필요는 없겠지만, 어려움이 다가왔을 때, 창의성의 도움으로 조금이나마 더 편하게 시련을 극복할 수 있기를 바랄 뿐이다.

2020년 4월 17일

어두워진 하늘을 바라보며 송세진

목차

제 1 장

창의성의 이론

창의성의 역사

21세기는 창의성의 시대라고 감히 말할 수 있을 것이다. 그래서 사람들은 자신이 조금 더 창의적인 사람이길 바라고, 기업들은 조금 더 창조적인 제품을 만들려고 노력하고 있다. 특히 4차 산업혁명에 들어서면서, 테크닉적인 이슈들도 많이 등장하지만 여전히 '창의성'과 '창조성'이라는 불씨는 꺼지지 않고 있다. 이것은 아마도 급진적으로 변화하는 현대 사회의 미디어에서 매 시간 분출되는 막대한 정보 중 내가 가진 아이디어가 더욱 빛날 수 있는 방법이기도 하며, 제한된 능력과 비슷비슷한 물건들 속에서 '특별함'을 찾고자 하는 인간의 본능일 수도 있다.

우리는 인간에 대해 알기 위해 다윈의 진화론을 배웠고, 모든 과정은 진화하며 발전한다는 것을 알고 있다. 그리고 기원전 몇 만년 전부터 시작된 인류의 역사를 보며 현재 우리가 살고 있는 삶의 많은 부분이 역사적인, 심리적인 혹은 사회적인 의미를 지니고 있다는 것을 보게 된다. 이러한 맥락에서 창의성의 시작을 알아볼 필요가 있는 것 같다. 지금까지 '창의성'과 '창조성'에 대한 방대한 양의 책과 문서들이 쏟아져 나왔다. 그러나 이 '창의성'과 '창의성'은 당장 눈앞에 있어야 하는 것 처럼 이야기하며 마치 약속이라도 한 듯 21세기 맞춤형 창의성, 창조성만 강조하고 있어 근본적으로 알아야 할 창의성의 기초와 역사는 우리 의식 속에서 사라지고 있다. 그래서 정체성을 잃지 않으려면 뿌리를 알아야 하는 것처럼 창의성의 시작이 어디서부터 인가를 알아보는 것이 중요한 포인트라고 말 할 수 있다.

창의성은 어디선가 그냥 시작되지 않았고, 이것에 대해 제일 많이 언급하는 심리학자들이 그냥 만들어낸 것도 아니다. 창의성이란 인간의 역사만큼이나 기나긴 세월을 함께 걸어온 것이다.

이 책에서 강조하는 것은 '창의성'이 현대인의 전유물이 아닌 오랜 세월동안 발전해 온 깊은 역사가 있다는 것을 다시 일깨울 수 있도록 인류의 시초로 되돌아가 보자는 의미이다. 우리는 문자의 발달보다 '창의성'에 관한 발달이 더 오래되었다는 사실을 알 수 있게 된다.

신경과학자 안드레아센Andreasen, 2005에 의하면 창의성은 인간 역사의 초기부터 존재하였고, 인간들은 지상에 존재하지 않는 많은 것들을 볼 수 있었다. 이것은 그들에게는 상상력이 있었다는 것이고 미美에 대한 갈망이 높았으며, 자연을 탐구하는 욕망이 있었다는 것을 뜻한다. 인간은 자신의 손으로 자연을 만들 수 없기 때문에 그들은 하늘과 식물 등을 연구하였고 상상력은 인류 발달의 길라잡이가 되었다. 그 이유는 인간이 그들보다 더 큰 힘, 그리고 위대한 존재를 상상하였기 때문에 가능한 일이었다. 그러면서 그들은 도덕적 규범을 만들고 그 규범을 더 좋고 훌륭한 수준으로 발전시키며 생존의 중요성을 안전하게 보장 해야한다고 했다. 이렇게 창의성이란 보이지 않는 것에서 시작 하였다. 그런 면에서 창의성은 인류 최고 가치 중 하나이며, 인류를 발전시켜 나가는데 큰 역할을 하였다.

인간은 생존을 위해 집단적인 지능을 사용하여 사냥하는 방법, 곡물을 재배하는 방법을 깨달았으며, 창의적인 행동을 통해 생존할 수 있는 수단을 점점 진화시키고 승화시켰다. 그리고 생존을 위해 고생을 하는 중에도 인간의 본능인 아름다움을 추구하였다는 사실을 기원전 17000년 전 프랑스 도르도뉴 라코스 동굴에 그려진 아름다운 그림들 속에서도 발견할 수 있었는데 미(美)를 추구하는 방법 역시 창조성을 통해 이루어졌을 것이다.

창의성에 대해서는 인류의 시작에서 그리고 그리스 신화에서도 찾아볼 수 있을 정도로 깊은 역사를 지니고 있다고 말할 수 있다. 제인스Jaynes, 1986에 따르면 호메로스 시대Homeric Age, B.C.1200-B.C.800에는 의식을 두 가시로 분리해서 생각을 했는데, 이는 선발자적인 의식과 추종자적인 의식이었다. 첫 번째 의식은 선발자가 필요한 모든 결정을 내릴 수 있는 의식이라면 두 번째 의식인 추종자 같은 의식은 선발자를 따르는 또 다른 의식을 뜻한다. 비슷하지만 또 다른 의견은 성경 저자들이 마음은 두 개의 공간으로 분리되어 있다고 설명하는 것인데 이것 또한 호메로스 시대부터 마음을 두 개의 공간으로 나눔으로써 굉장히 합리적으로 감성적인 것과 이성적인 것을 나누는 것과 같은 것으로 볼 수 있다.

성경 저자들을에 따르면 첫 번째 공간은 인간의 능력이 아닌, 인간 외의 그 어떤 존재가 부여해 주는 영감으로 채워져 있으며, 두 번째 공간은 보다 평범한 능력으로 일상적인 생각과 말을 표현 할 수 있도록 하는 곳이라고 설명하였다. 그들은 과학이 발달되지 않았을 때에도 이미 사람의 마음을 연구하였고, 현재의 신경과학자들이나 심리학자, 언어학자들이 연구할 수 있는 부분들을 발견하고 있었다. 이는 주종관계, 혹은 이분법 같이 벌써 사람의 마음을 이성과 감성으로 나눈 것 하고도 비슷한 맥락이라고 할 수 있다. 신기한 것은 20세기 심리학자 헬슨Helson, 1999의 주장을 보면 호메로스Homeros가 얼마나 앞선 사상가인지 알 수 있다. 헬슨은 창의적 인지(認知) 과정에 대해 1차 과정이 일상에서 찾아볼 수 없는 환상적이고 몽환적 경험이라면 2차 과정은 이성적이고 합리적에서 나오는 것이라고 설명했다. 그렇기 때문에 2차 과정은 과거에서 도출되는 결과이기도 하다. 이것으로 볼 때, 호메로스, 성경 저자들 그리고 고대 철학자들 모두 이성과 감성, 혹은 현실과 상상력 같이 인지 과정을 두 개로 나눈 것을 볼 수 있고 이러한 결과는 사실상 시대보다 훨씬 앞선 대단한 발견이라고 볼 수도 있겠다.

아리스토텔레스Aristoteles와 플라톤Plato을 포함한 많은 초기 사상가들은 '창의성'이라는 공간은 뮤즈의 영감이 있을 때 광증을 보인다고 말했다. 하지만, 여기서 의미하는 광기는 정신병이 아닌 긍정적인 의미의 영감이라고 했다. 이때에는 감성적인 것 자체를 부정적으로 보는 시기였기 때문에, 광기에 대해서 호의적 의미를 부여한 것은 대단하고 특별한 일이기도 한 것이다.

이에 대해 심리학자 아이젠크Eysenck, 1995는 수학자이자 물리학자였던 아르키메데스Archimedes에 대해 자세하게 서술하였다. 아이젠크에 따르면 아르키메데스는 그의 안에 있는 광증이 계속 마술을 걸어왔다고 한다. 그 때마다 그는 자신의 건강은 생각하지도 않았고, 심지어 먹지도 않았다. 그리고 자신의 몸에 기름을 칠하고 목욕탕으로 들어가서 기하학적인 모양을 그렸고, 이 형태는 뮤즈가 주는 영감이라고 생각하면서 기뻐하였다, 라고 하였다. 아르키메데스의 유레카 일화가 목욕탕에서 탄생한 것 처럼 그는 독특한 행동을 통해 영감을 얻었던 것이다.

이렇듯 영감inspiration은 창의성의 근원이 된다.

창의성의 역사를 보면 개인 창의성에서 나오는 요소들이 모두 어디서 나왔는지 가늠 할 수 있다. 상상력과 영감, 아이디어 등 옛날부터 내려오는 감각들이 창의성의 기본적인 조건들이 되는 것이다. 그렇기 때문에 창의성의 유래와 역사가 중요한 것이다.

고대 그리스 시대에도 새로운 아이디어 발상과 창의성에 대한 논란은 존재하였다. 정신의 이원적 개념에 대한 첫 도전은 아리스토텔레스에 의해 시작된 것이라 볼 수 있다. 그는 "영감은 광기를 포함한다" 라는 의견에는 동의했지만, 훌륭한 통찰은 연합의 과정을 통해 시작된 개인적 사고의 산물이라고 주장하였다. 사고는 한 생각이 다른 생각으로 넘어가는 과정일 뿐이기에 기존의 생각을 풍부한 상상력으로 조합하여 새로운 아이디어를 창조하는 것이 이 책에서 말하고자 하는 '창조성'과 '창의성'이다. 고대 그리스 시대에 시작한 창의력에 대한 통찰 - 이원론적 개념과 신이 주시는 광기 - 은 철학과 과학의 발전을 위한 기회를 제공하게 되었다.

서구 문명의 기둥은 기원전 500년 부터 기원전 200년인 황금시대라 불리는 그리스 시대에 만들어 졌다. 창조력 없이는 예술, 정치, 철학의 황금시대를 맞이하기가 불가능한데, 이 시기는 사실 창의력의 황금시대였기 때문에 문명의 건설이 가능하였고 탄탄한 기둥을 세우는 것까지 가능하였다.

지식의 열정과 상상력을 기반으로 하는 철학과 과학이 이토록 번성할 수 있었던 이유를 역사가 하다스Hadas, 1965는 논리적인 가설로 제시하였다. 그는 그리스인들이 창의적일 수 있었던 가장 중요한 요소 중에 하나로 종교적인 신념이 없었던 상황에서 경제적인 뒷받침이 든든했다는 점을 꼽았다. 풍요로운 자원 속에서 그들의 신념이나 개념, 소신이 자유로웠기 때문에 아무 것도 그들을 속박할 수 없었고, 표현을 자유롭게 할 수 있어 창의적이라고 말하고 있는 것이다.

그리스인들은 '영감은 신들에게서 온다'고 믿으며 신들을 두려워했지만, 개인의 자유로운 표현에는 신들이 간섭하지 않는다고 믿었다. 이것은 상당히 모순적인 상황이다. 믿음은 있지만, 신을 포함한 그 어떤 존재든 인간의 자유에 참견할 수 없다는 이중적인 이야기인 것이다. 그럼에도 불구하고 그리스인들은 자신의 욕망과 소망, 지식을 표현하는 자유로움에서 창조적인 과정과 산물을 만들어 냈고, 이로 인해 기원전 500년부터 기원전 200년까지를 황금기로 손꼽을 수 있는 것이었다. 이렇게 자유롭고도 아름다움을 창조하는 사상들은 그리스 시대Ancient Greece가 지나고 헬레니즘 시대Hellenism age 말기에 와서 무참히 파괴되었다. 그리스 시대에는 인간이 볼 수 없는 존재가 신이라고 믿었다면, 헬레니즘 시대에는 황제들 자신이 신이라고 주장하면서 자유로움을 억압하였다. 그래서 억압과 탄압이 시작되자 서서히 자유로운 사상들이 사라지기 시작했다.

그러나 이러한 암흑기에도 창의성의 불씨는 사라지지 않았고 오히려 이 창의성을 잘 보여주는 아우구스티누스Augustinus의 저서 〈하나님의 도성-신국론The city of God〉이 탄생하였다.

아이러니 한 사실은 아우구스티누스는 독실한 기독교 신자였지만, 창의성에 관해서는 이성적으로 생각하는 첫 번째 사람이었다. 아우구스티누스 까지만 해도 창의성은 인간에게 보이지 않는 그 어떤 존재로부터 내려온다고 생각했지만 그는 그런 생각과 달리 '창의적인 생각은 신으로부터 오지 않는다' 라고 주장한 첫 번째 인물이 되었다. 아우구스티누스는 믿음과 현실, 그리고 이성을 잘 분리하여 세상을 바라보았다. 충실한 믿음으로 그리스도교를 두둔하였고, 모든 일은 신의 섭리하에 이루어진다고 하였지만, 인간의 힘으로도 새로움을 탄생시킬 수 있다고 믿었다.

보이티우스Boethius는 로마의 마지막 철학자이자 저술가이며 AD 500년도 초에는 집정관으로 활동하였다. 그의 가장 큰 업적은 네 가지 '수학적인 원리(산술, 음악, 기학, 천문학)'인 사학을 세운 것인데, 후에 이를 다른 사람들이 정리한 삼학(문법, 수사학, 논리학)과 더불어 중세까지 지식을 유지하는 기본 교육 과정의 받침돌이 되었다.

사학과 삼학을 기반으로 학문은 꾸준히 발전해 나가지만 중세시대인 15세기에는 암흑기가 찾아왔다. 그러나 이런 정치적, 경제적 압박이 창조적인 결과에 도움이 되었을 수도 있는데, 도슨Dawson, 1954은 앞에서 하다스가 언급한 경제적으로 풍요로운 반면 신념의 자유적 관점과 상반된 논리를 다음과 같이 주장하였다. 전통적인 관점에 지배당했던 중세시대 유럽에서는 학문이 더디게 발전되고 있었다. 그렇기 때문에 중세 말, 그리스 학문과 사상이 다시 회복된 것은 정말로 놀라운 일이다. 이때 서양 문화와 지중해 문화의 길이 만들어졌으며, 이것은 지적 리더십의 시초이기도 하며 어떻게 보면 르네상스의 출현과 실현보다 더 대단한 업적이었다. 중세 시대 학자들이 그리스 사상을 다시 발견했을 때, 이것은 역사가 발전 할 수 있는 무한한 가능성이었고, 신세계를 개척하는 것이었다.

창의성의 이론들을 시대별로 다루는 관점은 모순적일 수 있다. 그것은 한 시대에서 학자들이 말하는 문장에서도 상반된 단어들이나 현상을 찾아 볼 수 있기 때문이다. 그리고 시대의 흐름에 따라 자유분방한 시기가 있었고, 때로는 엄하고도 어두운 시기를 걸을 때도 있는 것 같다. 하지만 결과적으로 보았을 때, 창의성은 조금씩, 혹은 꽃을 피우듯 크게 번창하며 발전하였다고 볼 수 있다.

암흑의 중세 시대가 끝날 때 쯤인 1350년대 말, 흑사병으로 인해 유럽 인구의 30%가 사망하였다. 이런 참혹한 재앙은 개인에 대한 시각을 새롭게 정리하는 계기가 되었고, 이 재앙으로 인해 인력이 부족한 현상은 사회적 구조를 새로운 체계로 바꿀 수 있게 만들었다. 자연의 섭리로 인해 인간은 새로운 국면을 맞이 할 수 밖에 없었고, 또한 적응하기 위해 새로운 창의적인 발상으로 사회를 변화시켜가기 시작했다.

중세시대가 암흑기였다고 앞서 이야기 했다. 하지만 보이티우스가 다진 학문의 초석인 사학과 삼학이 중세시대에 이미 완전하게 자리를 잡았기 때문에 예술의 부흥이 시작될 수 있었던 것이 아닌가,

라고 유추해 볼 수 있다. 왜냐하면 예술이란 문학과 과학이란 기초가 없이는 불가능한 부분이기 때문이다. 이는 개인 창의성에서 더 알아보도록 하겠다.

시간이 흐를수록 예술가들이 대중에게 인기를 얻기 시작했으며, 예술가와 지식인들은 신이 인간에게 미치는 영향을 부정하지 않았다. 그렇다고 인간의 능력 또한 부정하지 않았다. 그들은 인간의 본질적인 기쁨을 찾으려 힘겨운 노력을 했고, 마침내 르네상스 시대에는 중세 때 주춤했던 문화적이고 지적인 발전이 회복되었다. 러시아 종교철학자인 니콜라이 베르댜예프Nikolai Berdyaev에 의하면 르네상스는 이교도적인 인간의 본능과 기독교적인 본성을 같이 표출하였기 때문에 카톨릭교와 이교도 사이에서 강렬한 충돌을 가져올 수 밖에 없었다, 라고 지적했다. 반대되는 개념들인 자유와 믿음, 신념과 무개념 등 모순적인 인간의 본능이 동시에 존재함으로써 생각의 전환이 생길 수 있다는 교훈을 주는 시대인 것 같다.

예술을 가장 중요하게 여겼던 르네상스가 끝나고 18세기가 다가오면서 신에게 구속되지 않은 인간의 모습을 나타내려는 인본주의(人本主義)로 변화되었다. 신의 존재를 믿지 않고, 모든 것을 설명하고 측정하려고 하는 성향이 발달한 이 시기는 과학 발전에 의한 지식이 광범위하게 늘어나게 되었다. 갈릴레오, 뉴턴 등은 20세기 과학의 기초를 만들었는데, 창의성 역시 현대적 개념의 창의성을 성립하는 논리를 뒷받침하는 논문이 18세기에 발표되기 시작하였다.

더프Duff, 1767는 1767년 천재의 특징에 대해 논문을 발표했는데, 그를 창의성 연구에서 중요한 학자로 보는 이유는 그가 처음으로 창의성을 사회학적, 심리학적, 생물학적 측면에서 접근했기 때문이다. 그는 계몽주의가 강했던 때에 걸맞게 여러 학문을 통해 인간의 창의성을 설명하려고 했던 것 같다. 더프에 의하면 천재들은 상상력이 많고, 판단을 잘하고, 기호가 특징이라고 주장했으며, 과학과 예술의 발명품은 오로지 상상력으로 시작하여 만들어진다고 했다. 앨버트와 룬코Albert & Runco는 이 시기에 창의성의 개념이 성립되었으며 기초를 제공하는데 중요한 시기라고 주장하였다. 왜냐하면 더프는 창의성이 천재의 전유물이 아니라는 개념을 말하기 시작한 최초의 연구자이기 때문이다. 그의 주장으로 인간의 내면에서 일어나는 창의적인 프로세스에 관한 연구가 활발히 진행되었다고 볼 수 있다.

18세기에는 철학, 사회학, 심리학 등의 학문들이 통합적으로 되어 있었다고 한다면 19세기에 들어서면서부터 많은 학문들이 세분화되기 시작하였고, 창의성에 대한 논리를 바라보는 관점이 늘어났으며 이에 따라 창의성에 대한 연구가 더욱더 세분화되고 체계적으로 자리를 잡았다. 특히 창의성이란 신으로 부터 내려오는 것 혹은 오로지 영감으로만 만들어져 있어 어디서 출현했나 설명할 수 없는 것이 아니라, 과학적으로 어떻게 출현되는지에 대한 근거를 제시할 수 있는 연구들이 발표되기 시작했다. 그래서 뇌 생물학적으로, 그리고 유전과 환경의 논리로 설명하기 시작하였고, 신에게서 모든 영감이 온다는 개념은 완전히 사라지게 되었다.

아리스토텔레스 이후 가장 위대한 연합주의자 골톤Galton, 1870, 1879은 제일 먼저 천재의 본성을 과학적으로 밝혔다. 그는 영국 과학자이자 우생학자, 기상학자, 진화론자, 지리학자, 인류학자, 통계학자였는데, 아마도 역사상 처음으로 인정 받은 인지심리학자일 것이다. 골톤의 연구에 의하면 사고에 영향을 주는 것에는 두 가지 원리가 있다.

첫 번째 발견은 의식인데 이것은 공간에서 유지되는 순환의 개념이고, 여기서 공간은 다른 사물로 다 채워져 있는 것이었다. 두 번째 발견은 정신의 어느 다른 부분으로부터 물질이 의식의 공간으로 들어올 수 있는데, 이것의 근원은 '무의식'이라는 것이다. 그래서 사고(思考)는 무의식적 사고와 연합해서 만들어지기 때문에 '의식 속의 아이디어는 무의식과 연결되어 있다.' 라고 주장하였다. 이 개념은 프로이트Freud를 통하여 더욱더 발전하게 되었고, 20세기 창의성 연구자들에 의해 천재들의 개인차를 연구하는데 통계적 분석으로 사용하는 등 구체화 되었다.

여기서 신기한 것은 수 천 년이 지난 현재 시점에도 호메로스와 성경 저자들이 마음의 방을 두 개로 분리했었던 것처럼 과학적으로 창의성을 설명하는 연구자들도 결국에는 의식과 무의식 같이 의식의 방을 두 개로 나누었다는 점이다. 다만 고대 그리스 시대에는 두 개의 공간이 따로 분리되어 있었다면, 19세기 부터는 이 두 개의 공간이 상호간 긴밀한 영향을 준다는 관점에서 창의성이 발전하게 되었다.

그러나 시간이 조금 흐른 20세기 초, 골톤은 형태주의 심리학자들에게 심한 반격을 받았다. 그들은 형태주의gestalt psychology 요소의 모든 사고는 연합이 아니라 상호관계를 가지고 있다, 라고 설명하면서 사람은 해결하기 어려운 문제에 직면하면 이를 창의적으로 풀려고 하고, 창의적인 해결 방법이 필요할 때 기존으로부터 존재하는 형태가 아니라, 새로운 방식의 형태를 통해 통찰력이 떠오른다는 것이다. 그들은 이를 생산적 사고라고 불렀는데 생산적 사고란 이미 내재되어 있으며, 존재하는 것을 뛰어넘어야 하는 것이다. 반면에 재생산적 사고는 과거에 의존하며 습관적인 사고에서 벗어나지 못하는 것을 뜻한다. 이런 경우에는 당연히 새로운 발상을 하는데 실패하는 것이고, 따라서 창의적인 생각도 어려울 것이다. 하지만 시간이 지남에 따라 현대 인지심리학에서는 연합주의와 형태주의를 조합하여 설명하고 있다.

제 2장 '창의성의 정의'에서 창의성에 대한 분류에 있는, 과거에 연결되어 나타나는 창의성과, 별똥별 같이 갑작스레 어디선가 나타나는 창의성으로 나누어 지는 것과 비슷한 개념이다.

창의성의 역사를 보면 고전적인 역사와 신개념이 거쳐가는 지점이 꼭 보이기 마련이다.

1950년 무렵, 지능 검사의 전문가인 길포드Guilford, 1950에 의해 창의성에 대한 연구의 방향이 변화되었다. 이는 IQ 검사로는 창의성을 측정할 수 없을 뿐 아니라, 창의적 사고를 연구하는데 충분한 시간을 할애하지 않았다는 의견이었다. 길포드는 형태주의 심리학자들과 비슷하게 창의적 과정은 과거에서의 일탈이라고 설명하며 이를 발산적 혹은 확산적divergent 사고라고 불렀고 여러 형태의 창의성 검사와 함께 창의성의 합류 모델들을 개발하게 되었다. 이 때 까지만 해도 창의성이란 인간의 내적인 문제로만 치부되어져 있었고, 천재성, 영감 혹은 정신적인 세계에서만 영향을 받는다고 했었다. 하지만 창의성에 대한 논의는 계속 되었고 새로운 관점들이 쏟아져 나오기 시작했다.

뉴웰Newell, 쇼Shaw, 사이먼Simon, 이들은 모두 1950년 미국에서 시작된 인지 혁명의 지도자들이다. 그들은 창의적 사고와 평범한 문제 해결을 위한 사고가 결국 같다는 것을 제안했다. 그리고 지금까지 인지심리학 분야에서 창의성을 활발하게 다루면서 수많은 이론들이 쏟아져 나왔다. 하지만 결국 학자들은 개인의 성향, 환경, 분야 등에 따라 창의성의 발현에 대한 차이가 많다는 의견들을 주장하였다. 어떻게 보면 창의성에 대한 연구는 한계점이 많은 것이 사실이다. 설명할 수 없는 변수들도 너무 많으며, 정확하게 창의성에 대한 정의를 내리기도 쉽지 않다. 그러한 이유로 연구하는 학자마다 창의성을 다르게 정의하면서 각자의 시각 차이가 나기도 하지만, 공통점이 보이기도 한다.

20세기에 들어서 창의성에 대한 연구는 세분화 되었고, 다른 분야와 함께하는 융합적인 연구도 활발히 진행되었다. 융합적인 사례들이 쏟아져 나온 후, 다시 다른 것을 제외한 창의성 만을 연구하는 분야도 깊게 발전되고 있다. 특히 로데스Rhodes, 1961에 따르면 창의성을 사람person, 과정process, 산출물product, 환경press, 네 가지로 구분하였고 4P 라고도 정의내렸다. 그리고 이러한 세분화되는 과정에서 우리는 창의성 뿐 아니라, 여러 방면에서 일어나는 인간의 심리와 행동까지 함께 알아볼 수 있게 되었다.

20세기에 들어서면서 창의성은 더 이상 단순히 철학가, 심리학자들 만의 전유물이 아니게 되었다. 하지만 이때 까지만 해도 창의성이란 인간의 내면에서 일어나는 일이라고 생각하는게 정석이었다.

사회과학자인 캠벨Campbell, 1960은 창의적 과정을 다윈의 진화론

– 맹목적 변이와 선택적 보유 – 을 바탕으로 설명했다. 캠벨은 사회학 뿐 만 아니라 심리학, 인류학, 생물학, 통계학 그리고 철학에도 업적을 남기며 여러 학문을 넘나 들면서 창의적인 아이디어의 기초는 과거를 기반에 둔 과정에서 일어나야 한다고 했다. 아이디어가 정리되어 있지 않은 상태로 무분별하고 우연한 과정을 통해 발생하였다면 검증을 받고, 그 후에 비슷한 상황에서 사용할 수 있을 때까지 보유되어 있어야 한다, 라고 말하며 과감하게 기본 기제가 비슷한 종의 진화와 같은 아이디어의 진화를 제안하였다.

캠벨의 이러한 제안에 입각하여, 사이먼튼Simonton, 1999은 맹목적 변이와 선택적 보유 외에도 성격, 특징, 창의적 과정, 인지적 요인을 도입하게 되었다.

어떻게 보면 20세기 까지 여러 학자들이 창의성의 미스테리를 풀려고 많은 노력을 하였지만 그것을 단지 인간 내적인 세계에서만 찾으려고 애를 썼다. 그러나 창의성이란 계속 신비적인 존재로 남았기 때문에 이에 대해서 새로운 관점이 나오기 시작했다.

20세기 후반이 되면서 하버드 경영대 아마빌레 교수의 창의성에 대한 연구는 내적 동기부여에서 시작하여 외부환경과 동기부여가 창의성에 미치는 영향까지, 명제를 확장해 나갔다. 그러므로 인간의 내면에 큰 힘이 있다 하더라도 주변 상황들에 의하여 창의성이 발현될 수도 있고 묻힐 수도 있다는 것이다.

18세기 보다 19세기에 학문이 조금 더 세분화 되었다면, 19세기보다 20세기는 더 좁은 부분으로 나누어졌다. 때문에 창의성은 철학, 심리학, 사회학에서 더 큰 영역을 넓혀서 경제학적 원리로도 설명하였다.

스턴버그와 루바트Sternberg & Lubart, 1996는 인지적 관점에서 창의성을 알아가면서도 경제 원리로 창의성을 묘사하였다. 그들은 인지적 관점에서의 창의성은 실용적이고 세밀하게 설명했고, 경제원리에서는 '싸게 사서 비싸게 팔아라'라는 이론을 제시하였다. 이 이론은 창의적인 아이디어란 처음에는 아무에게도 흥미를 주지 못해 값어치가 없기 때문에 발전 단계 있는 창의적인 아이디어는 아무도 비싸게 사려고 하지 않는다는 것이다. 하지만 초기 단계의 창의적인 아이디어를 자세히 들여다 보면 성장의 잠재력을 지니고 있다는 것을 발견하게 된다고 했다. 그렇기 때문에 낮은 가치의 아이디어를 발견한 자의 노력이 세상에 알려져 가치 있는 상품으로 만들어 질 수 있다는 것이다. 처음 아이디어의 가치가 낮은 이유는 아무도 인정해주지 않고 인기가 없는 상품은 당연히 물질적인 값어치를 할 수 없기 때문이다. 낮은 가격의 아이디어를 얼마나 개발하고 또 어떻게 개발하느냐에 따라서 그 아이디어는 유니콘 기업이 될 수도 있는 것이다. 사후에 빛을 발한 반 고흐Vincent van Gogh, 최고의 이름을 알리기까지 상당기간 그늘에서 살아온 빌 게이츠Bill Gates와 스티브 잡스Steve Jobs 등, 이를 증명하는 실제적인 사례들이 늘어나고 있다.

창의성의 역사를 보면 여러 학문들에서 창의성을 연구한다는 흥미로운 사실을 발견하게 된다. 우리는 과학, 예술, 기술, 역사, 인문학 등 한 분야의 전문가 혹은 학자들에게 익숙해져 있고, 한 학문의 깊은 지식이 인류 발전에 큰 기여를 한다고 믿고 있다. 하지만 창의성이란, 여러 분야에서 꾸준히 거론 되고 있는 것이 확실하다. 아마도 창의성의 비밀이 밝혀질 때까지는 여러 학문에서 '창의성이란 무엇인가' 라는 질문을 던지며 연구를 위해 끊임없이 새로운 도전을 할 것이고, 앞으로도 더 많은 이론들이 여러 방면에서 쏟아져 나올 것이다.

심리학에서 본 창의성

창의성을 학문적으로 가장 많이 다루는 분야가 심리학이다. 그러나 아이러니하게도 프로이트는 창의성을 연구하는 심리학자일수록 창의적이지 못하다고 맹렬하게 비판했다. 심리학자들은 우리가 알고 있는 천재들과 창의적인 사람들의 행동과 결과물을 면밀히 분석한 뒤, 그것을 토대로 창의성에 대한 데이터를 만들고 연구 모델을 만들었다. 하지만 천재를 연구한 뒤 그 천재의 경험과 생활을 뒤따라 하면 과연 천재로 거듭날 수 있을까? 아마도 이 질문의 답은 모두 아닐 것이라고 생각한다. 시대와 환경을 똑같이 재연할 필요는 없으니까.

그러나 위너Winner, 1996는 창의적인 사람의 성격에는 분명히 높은 IQ와 어떠한 특수영역적인 곳에서 특별히 높은 능력을 가지고 있는 사람일 거라고 생각했다. 또한 창의적인 사람은 매우 열정적이고 한 곳에 집중을 잘 하고 독립심이 강한 모험가라고 기술하였다.

학자들은 인지, 성격, 심리 등으로 창의성의 미스테리를 풀기 위해 많은 노력을 하고 있다. 하지만 이러한 연구들이 어려운 이유는 창의적이라고 생각되는 사람들을 연구하는 것 자체가 쉬운 일이 아니기 때문이다. 창의적인 사람들을 많이 접하기가 어렵고, 또한 창의적인 사람들이 많다하더라도 연구를 위해서는 비슷한 환경 혹은 비슷한 직업군의 사람들로 군집되어야 하는 점도 무시하지 못한다. 더더욱이 우리가 아는 가장 창의적인 사람들 이라 분류 되는 예술가들, 과학자들, 사상가들 중에는 세상을 떠난 사람들도 많기 때문에 연구하기가 더 어려울 수 밖에 없다. 하지만 이러한 어려움에도 불구하고 창의성에 대한 궁금증을 풀기 위해 아마빌레Amabile, 1988는 인터뷰를 통해 창의성을 촉진시키는 10가지 개인적인 특징을 알아냈다. 개인적인 특징들은 내적인 요소와 외적인 요소가 다 갖춰져 있는 것이다. 첫 번째는 여러 성격적인 특징인데 여기서의 성격은 끈기, 호기심, 에너지 등 좋은 특징들을 말한다. 두 번째는 스스로 동기 부여를 주어 일 자체가 즐거워서 흥미를 느끼고 문제에 관심이 있다는 점이다. 세 번째로 특별한 인지 능력은 창의적 사고를 하는데 특출한 재능이 있다는 것이다. 네 번째는 위험을 선호하는 성향으로 이것은 전통적인 것 보다 새로운 도전에 호기심을 느끼며 일을 다른 방식으로 추진한다. 다섯 번째는 자신 분야의 전문 지식으로 특정 분야에 재능과 경험도 있고, 지식도 충분히 가지고 있는 것이다. 여섯 번째는 속해 있는 그룹의 품질, 지능, 개인과 사회적인 특징이 모이면 시너지 효과를 낼 수 있는 것이다. 일곱 번째는 다양한 경험을 통해 기본적인 지식과 경험으로 넓은 영역을 소화할 수 있다는 점이다. 여덟 번째는 사회적 능력으로 사회적으로나 정치적으로 부드러운 관계를 가지고 상대방의 이야기를 잘 들어주고 좋은 팀원으로 활약하는 것이다. 아홉 번째는 탁월함의 지능이 굉장히 높은 것이다. 마지막, 열 번째로 순진함은 새로운 분야에 늘 호기심이 있으며 선입견이 없다는 것이다.

아마빌레 교수가 정의한 10가지 특징은 어떻게 보면 우리의 예상을 크게 뛰어넘지 않는 결과이다. 이는 부정적인 성격 요인이나 외부적 환경이 창의성에 악영향을 줄 것 같다는 막연한 생각을 뒷받침해주는 내용이다. 물론 내적인 동기가 중요하지만 외부환경이 내적인 동기에 영향을 미치는 중요한 조건이라는 사실도 위의 연구가 잘 보여주고 있다.

길포드Guilford, 1950는 창의성이 성격의 한 부분이라고 말하며, 창의성이 결실을 맺으려면 그 사람의 특징과 동기가 있다는 것도 필수적이라고 주장하였다. 천재들과 창의성을 주제로 한 논문과 연구는 예술가와 과학자들을 위주로 삼고 있는게 사실이지만, 역사에 남은 기업인들나 정치인, 사상가들을 보면 예술을 얼마나 중시 여기는가를 알 수 있다. 이러한 공통점 때문에 귀족 가문 또는 사업가들은 예술가들을 지원하고, 정치가들은 예술가들이 활발히 활동할 수 있게 지원할 수 있는 정책을 마련하고 있다. 예술이란, 개인을 위한 것 같지만, 실제로는 사회를 변화시킬 수 있는 강력하고 크나큰 힘을 지니고 있다.

르네상스 시대에 메디치Medici 家는 미켈란젤로Michelangelo와 레오나르도 다 빈치Leonardo da Vinci 등 문화와 예술가들에게 지원을 아끼지 않았고, 심지어 예술을 번창할 수 있도록 많은 아이디어를 내기도 하였다. 그리하여 피렌체라는 작은 도시를 아름다운 예술의 도시로

재탄생 시켰다. 오스트리아의 에스테르하지Esterházy 家 역시 예술가들에게 든든한 후원자였다. 그리고 에스테르하지 家는 모차르트Mozart와 하이든Haydn 외 여러 방면의 예술가와 예술 사업을 전폭적으로 지원했다. 조선 역사에서 가장 훌륭한 통치를 했다고 알려진 세종대왕 시대에도 당시에는 비록 천대를 면치 못했던, 예술가와 과학자들에게 아낌없는 후원을 하고 육성을 하였기에 예술과 과학이 큰 발전을 이루었는데 이것은 곧 앞서 말한 예의 타당성 있는 근거다. 귀족 가문들이나 회사가 특정 분야를 후원할 때는 반드시 타당한 이유가 있을 뿐더러 기업의 이미지, 방향성과도 맞아야 한다. 또한 후원을 결정하는 사람의 이해도와 여러 상황에 따라서 예술 세계의 경제적인 지원이 꺼려질 수도 있는데, 14-15세기부터 예술가들을 지원한 메디치 家와 에스테르하지 家로 인해 예술에 대한 후원이 자리를 잡게 되었고, 현재까지도 예술 산업이 후원을 받을 수 있는 역사적 기반을 마련해줌으로써 문화가 더 번성하게 되었다.

'직위가 높아질 수록 외롭다' 라는 말은 직위와 명예가 높아지는 사람들을 표현할 때 쓰이는 문장이기도 하지만 가장 외로운 직업이 예술가라는 면에서 예술가와 그렇지 않다고 생각되는 다른 직업군 사람들과의 공통점을 찾아 볼 수 있는 표현이기도 하다. 예술가를 비롯하여 모든 직업군의 상위에 링크되어 있는 사람들이 외로운 이유는 지식과 사고의 깊이가 그만큼 깊어져야 하기 때문에 혼자 있어야 하는 시간이 길어지고, 자신과 지식의 수준이 맞지 않는 사람과 정보를 공유하면 이해하지 못하기 때문에 사회성이 점점 떨어질 수도 있기 때문이다. 또한 기술을 연마할 수록 외로운 시간은 길어지고 그럴 수록 기술은 빛이 나기 시작한다. 그리고 이러한 기술에 창의성을 얹히고, 경험을 얹히면 명작이 태어나는 것이며 훌륭한 기업이 태어날 수도 있다.

직설적으로 표현하면, 예술가는 돈을 벌기 위해 문화를 창조하는 것이고, 경영이란 문화를 창조하여, 그에 대한 이익을 창출하는 것이다. 그러므로 예술가들은 사실 엄밀히 말해 모두 과학적인 기술(테크닉)과 통찰력, 직감, 섬세함이 없으면 안 된다는 다른 직업군의 사람들과의 공통점을 가지고 있다. 그리고 예술과 경영의 공통점은 창의성이다. 알라누스(Alanus, 예술대학교였던 알라누스는 경영대학원을 설립한 후, 경영학도들에게 예술을 통해 창의성을 길러주는 제도를 가지고 있어 유럽의 큰 기업들에게 인기가 많은 경영대학원이 되었다) 경영대학원장이 말한 것처럼 창의적인 사람들은 그 어떤 분야에서도 성공을 할 수 있다. 다만 창의적이기 위해서는 그만큼의 심리적인 부담도 함께 온다는 사실이다.

프로이트Freud는 심지어 만약 자식이 창의적이지 않게 태어났다면 부모들은 불만보다는 고마움을 표해야 한다고 했다. 프로이트에 따르면 예술가들은 신경증 환자와 크게 다를 바가 없는데, 그 이유는 너무 내성적이기 때문이라고 했다. 또한 예술가들은 본능적 욕구에 심하게 눌려 있으며, 이성의 사랑을 갈망하고, 권력과 명예를 욕망한다. 하지만 이러한 욕구들이 이루어질 수 없기 때문에 신경증이 유발된다고 했다. 창의성은 꼭 이렇게 극단적인 것일까. 예술가를 환자에 비교해야 하는 것일까. 당연히 창의적인 일을 하는 것은 어려운 일이다. 그리고 외부환경의 영향도 크지만, 가장 본질적인 것은 인간의 본능과 성격적인 본성이라고 할 수 있겠다.

창의적 척도의 선두주자인 고프Goff는 연구 중에 창의적인 인물들을 대상으로 조사한 뒤 300개의 형용사를 추려냈다. 그런 다음, 창의적인 사람과 창의적이지 못한 사람을 구분하는데 사용하는 30개의 형용사 목록을 만들었다. 30개의 형용사 중에 18개는 긍정적인 상관관계를 지녔지만, 나머지 12개는 부정적인 관계를 지니고 있다.

고프가 제시한 형용사들을 곰곰히 생각해 보면서 천천히 읽어보면 굉장히 타당성 있게 느껴질 것이다. 특히 긍정적인 상관관계의 형용사들은 창의성과의 관계를 제외하고도 대부분 긍정적인 메세지를 보낼 때 사용하기 때문이다 : 관심사가 넓은wide interests, 개인주의적individualistic, 자신감 있는self-confident, 사려 깊은reflective, 유머 감각 있는humorous, 지적인intelligent, 영리한clever, 기발한original, 대담한confident, 기지 넘치는resourceful, 유능한capable, 통찰력 있는insightful, 인습에 얽매이지 않는unconventional, 소탈한informal, 도발적인sexy, 자부심이 강한egotistical, 거만한snobbish, 독창적인inventive.

반면 부정적인 형용사들을 보면, 도덕적으로는 긍정적이기도 한 형용사들이 눈이 띈다. 그래서 부정적인 형용사들은 형용사의 뜻이 부정적이기 보다는 창의성에 악영향을 미친다는 점이 확연히 나타난다 : 정직한honest, 진부한commonplace, 성실한sincere, 신중한cautious, 관심사가 좁은narrow interests, 순종적인submissive, 꾸며낸affective, 틀에 박힌conventional, 불미스러운dissatisfied, 정중한mannerly, 의심 많은suspicious, 보수적인conservative.

이렇듯 창의성에 관련된 성격, 기분에 대해서 굉장히 세분화하여 꼼꼼하게 연구를 하였는데, 창의성에서 이러한 연구를 할 수 있도록 가장 중요하고도 기초적인 모델을 제시한 심리학자는 그레이엄 왈라스Graham Wallas이다. 왈라스는 1926년에 발간한 〈생각의 예술The art of thought〉에서 창의성을 4단계 프로세스로 설명하였다.

첫 번째 단계인 준비기Preparation란 문제 해결자가 문제 해결에 관한 정보를 수집하고 그 문제의 중요성을 깨닫는 시기이다. 이에 대해 크로비츠Crovitz, 1970는 준비 과정 안에 내용과 형식이 존재한다, 라고 말하며 문제 해결 경험이 많은 사람은 문제가 생겼을 때 경험이 적은 사람보다 더 다양한 방법으로 문제를 해결할 수 있는 기회를 포착할 수 있다고 했다. 이것은 실패를 한다는 것이 아니며, 꾸준한 시도를 할 수 있다는 것이다. 그래서 크로비츠는 '좋은 생각'이란 해결을 쉽게 할 수 있는 지식을 찾는 것이다, 라고 타당한 시각을 제안하였다.

따라서 준비기는 문제를 분석하는 단계라고 생각할 수 있을 것 같다. 한 가지 문제를 여러 방면으로 다양한 해석을 만들 수록 그 만큼 더 풍부한 양의 해결책이 나올 수 있다는 것이다. 그러면 복잡한 상황에서도 꼭 알맞는 해결 방법이 나올 것이다.

두 번째 단계인 부화기Incubation는 다음과 같이 설명할 수 있다. 새로운 생각이란 무의식에서 나온다. 문제가 발생하면 그것에 대해서 골똘히 생각을 하고 있을 때 아이디어가 나오는 게 아니라, 문제에 관한 생각이 아닌, 다른 생각을 하고 있을 때 무의식에서 자연스럽게 참신한 사고가 나오는 것이다.

부화기 과정에서는 오히려 더 많은 정보를 모으게 되는데, 문제 해결을 의식적으로 집요하게 파고 들면 역효과가 나므로, 잠시 다른 생각으로 현재 문제를 무의식에서 처리하게 하여 새로운 생각들이 떠오르게 하는 것이다. 시간이 상처를 치유할 수 있고, 시간이 지남으로서 지혜가 쌓이는 것 같이, 모든 문제에는 시간이 필요한 게 사실이다. 다만 이 부화기에 시간을 얼마나 투자할 수 있는지에 대한 문제는 또 다른 관점이 될 것 같다.

이러한 지루하고도 고통스러운 싸움 후에 광명이 찾아오면서 새로운 생각이 통찰력으로 다가오는 순간을 조명기Illumination라고 부른다.

사실 세 번째 단계인 조명기에 대한 정확한 과학적인 설명은 없다. 그러나 조명기는 부화기보다 의식적인 과정이다. 순간적으로 떠오른 아이디어를 의식적으로 잡을 때 결과가 생길 수 있기 때문이다. 순간의 아이디어가 옳은지 아닌지를 판단할 수 있는 정보를 모으는 시기가 준비기와 부화기인 것 같다. 때문에 조명기는 짧은 순간으로 지날 갈 수 있기 때문에, 순발력을 발휘해야 할 것 같다.

마지막 단계인 검증기Verification는 조명기에 대한 확신이 명확하게 생겼다면 바로 실행에 옮길 수 있는 단계이다.

준비기 – 부화기 – 조명기가 인간의 내면에서 일어나는 과정이라면 검증기는 인간의 외면에서 일어나는 일이다. 즉, 참신한 생각이 현실화 되어 가는 과정이다.

왈라스는 앞의 세 단계는 수동적이지만 마지막 검증기는 활기차고 생기있고 역동적인 것으로 표현하고 있다. 이는 아마도 생각으로만 상상하던 이상(理想)의 유형적 물질화, 혹은 계획했던 일들이 현실에서 이루어지면서 보다 더 눈으로 볼 수 있는 형태를 띠는 것이 검증기여서가 아닐까 싶다.

사람은 태어날 때부터 모두 어느 정도 예술가의 재능을 지니고 있다. 다만 그 차이는 '재능을 조금 더 받았다 거나 덜 받았다' 라는 미미한 점 일 것이다. 그러므로 인생을 살아가면서 내재되어 있는 예술성을 어떻게 찾아내느냐, 그리고 그 발굴해 낸 예술성을 어떻게 개발해 나가느냐에 따라 인생을 예술가로 살아갈 건지 아니면 평범한, 보통 사람으로 살아갈지를 결정하게 되는 것이다. 그래서 창의성에 관한 심리학적인 연구는 예술가를 분석하면서, 예술가가 재능을 부여 받아 천재가 되는 것이 아니라, 전적으로 본인 자신의 시간과 노력으로 이루는 것이며 그들이 도달하고자 하는 경지를 위해 심적인 고통을 겪으며, 오히려 그 고통을 통해 역사에 남는 문화를 창조한다고 설명하게 된다. '창의적인 인재가 되기' 란 그만큼의 정신적, 육체적 비용을 지불해야 한다는 결론이 나온다. 어떻게 보면 왈라스가 설명한 부화기 때 기다림과 초조함, 그리고 타이타닉이 겪었던 폭풍 전야의 고요가 정신적인 스트레스를 가장 극대치로 끌어올려 압박감이 심화될 수 있다.

적당한 스트레스는 충분히 창의성에 대한 동기 부여가 될 수 있지만 지금 논하는 정신적 비용은 보통의 사람이 받을 수 있는 스트레스를 훨씬 뛰어 넘는 정신분열에 가까운 상태를 말하는 것이다.

천재라고 불리는 예술인들은 흔히 정신적인 문제로 많은 고통을 받았다. 그래서 창의성에서 정신분열증, 우울증을 많이 다루는데, 이것 또한 모든 직업이나 분야가 다 똑같다고 생각하면 안 된다. 왜냐하면 우리는 창의성을 전체적으로 보고 있지만, 연구 결과는 예술, 스포츠, 탐험가 등등 분야 별로 많은 차이점이 있기 때문이다. 창의적인 사람들은 모두 다 정신적인 장애가 있거나, 우울증이 있는 것일까. 그렇지는 않다는 것이다. 개인적인 편차도 심하고 분야별로 차이도 많다.

키니와 연구자들Kinney et al., 2000-2001, 사스와 슐버그Sass & Schulberg 2000-2001의 연구에 따르면 정신분열증 '성향' 이 있는 사람에게서는 높은 창의성이 발현되지만, 오히려 정신분열증 '환자'는 창의적이지 못하다고 하였다. 그렇기 때문에 창의적이라고, 천재라고 무조건 정신적인 문제가 있다는 것은 아니다. 다만, 키니는 위와 같은 사람들은 명예욕이나 다른 인간들의 본능적인 욕망이 다른 사람들보다 더 크지만 사회적으로는 불안하다고 말하였다.

그리고 이러한 문제는 창의성과도 연결되어 있지만, 유전, 사회 환경, 직업 같은 여러 변수에 의해 유연하게 움직인다.

이러한 성향은 창의적인 사람들에게 나타나는 기분장애에서도 많이 볼 수 있는데, 이 연구 분야의 선두자인 제미슨Jamison, 1993은 세계적으로 유명한 천재적인 인물들을 연구한 결과, 창의적인 인물들 중 양극성 장애를 겪은 사람이 많았다는 결론을 내리게 되었고, 일반인보다 극한 우울증에 시달리는 직업은 '시인'이라고 말하였다. 양극성 장애에는 또 다른 면이 있는데, 이것이 바로 우울증이다. 우울증은 심각한 내면의 파괴를 가져오고 자살까지 이어질 수도 있다.

구드윈 & 재미슨Goodwin & Jamison, 1990의 연구에 따르면 20세기 미국을 대표하는 시인들 중에 많은 퍼센트가 조증치료를 받았고, 우울증 치료를 받았다. 그리고 그 중에 다수는 자살로 생을 마감하였다. 예를 들면 시인 앤 섹스턴Ann Sexton는 오랫동안 우을증에 시달렸으며, 조증으로도 치료를 받았다. 섹스턴은 이런 정신적으로 고통 받는 과정을 시 속에 녹여내면서 명작을 남겼다. 그리고 그녀는 1967년 퓰리처 상을 수상하였지만, 45살이란 젊은 나이에 자살로 생을 마감하였다.

위의 사례 처럼 작가, 음악가들은 암흑기의 과정, 혹은 겪은 일들을 작품에 많이 녹여내고 힘들었던 감정을 자세히 묘사하는 것이 대작의 밑받침이 되기도 한다. 그렇기 때문에 스포츠, 건축 같은 분야 보다 예술 분야에 정신적 질환의 비율이 높을 가능성도 있다.

여기서 예술가들은 일반인과 다른 정신적 세계를 가지고 있다는 편견을 뒷받침하는 의견들이 제시되는 것 같다. 그래서 창의성을 연구하는 심리학자들은 우울증과 창의성에 관한 연구를 꾸준히 하며, 우울증 뿐 아니라 여러 기분장애에 대한 연구도 계속 이어가고 있다.

로베르트 슈만Robert Schumann의 경우도 양극성 장애를 겪었다고 한다. 사실상 슈만은 작곡가로 역사에 이름을 남겼지만, 음악 비평가로써도 활동을 많이 하여 집필하는 시간도 굉장히 많았다. 슈만은 작곡가들 중에서도 정신적인 어려움을 겪은 작곡가로도 유명한데, 그의 조증과 우울증 시기에 작곡된 곡들을 보면 창의성과 양극성 장애에 대해서 또 다른 의견이 나온다.

와이스버그Weisberg, 1995는 슈만의 기분과 작품의 관계를 연구하면서, 조증이 있을 때 작곡한 작품의 수가 우울증 시기에 작곡한 작품의 다섯 배 정도 많다는 결과를 얻었다. 하지만 작품의 수가 많다고 더 훌륭한 곡이 탄생하였다는 근거는 없다. 그냥 숫자가 많은 것 뿐이다. 왜냐하면 우울증 시기에 작곡한 곡들을 연주자들이 더 많이 치고 자주 녹음이 되었기 때문에, 우울증에 시달릴 때 탄생한 작품들이 음악적으로나 대중적으로 더 인정을 받는다는 뜻이다.

반면 에밀리 디킨슨Emily Dickinson의 경우, 우울증 기간보다 조증

기간에 더 많은 양의 시를 썼는데 조증 기간에 쓴 시들이 우울증 기간의 시들 보다 질적으로 더 높다는 결과를 보였으므로, 경조증과 창의성에는 분명 연관이 있지만, 개인 사례마다 큰 차이를 보이기 때문에 정확한 결과를 알기는 결코 쉬운 일이 아니다.

위의 사례들과 같이, 심리학적인 관점에서 인간의 정서 장애와 창의성에 대해 일관된 주장을 하기란 쉽지 않기 때문에 여러 각도의 창의성에 대한 논의가 계속 이어지고 있는 것이다.

우울증과 경조증 같은 기분 장애는 '불안'에서 시작되는데, 이 '불안'이란 자신은 인지하지 못하더라도 마음 속에서 무엇인가 옳지 못하다는 신호를 보낼 때 생긴다, 라고 메이May, 1975는 결론 지었다. 새로운 시도를 할 때 늘 자신감이 없거나, 내가 옳은 결정을 한 것인가, 라는 의문이 들 때 생기는 불안감은 인지하지 못하는 무의식에서 나오는 것 같다. 우리가 무의식의 문제를 현실로 인지하는 순간, 두려움 때문에 자극적이고 새로운 생각을 하지 못할 것 같다. 그렇기 때문에 우리는 모든 문제를 무의식 안에서 나름 해결해 나가며 창의적인 아이디어에 한 발씩 가까워지는 것이 아닐까 싶다. 왜냐하면 창의적인 산물은 건강한 기능을 통해 탄생한다. 하지만 이것은 그냥 쉽게 생기는 것이 아니라 정신적인 갈등과 긴장을 유발하기도 한다. 이것은 창의적인 경험을 하는 동안 무의식 속에서 계속 새로운 문제를 인지하기 때문에 끊임없는 불안함이 발생하는 것이다Rothenberg, 1990.

그러므로 우리가 창의적인 생각이나 행동을 할 때 걱정이 많이 되고 불안해하며 초조하다면, 이것은 당연한 일이다.

2019년 통계청에 따르면 경제협력개발기구OECD 국가들 중 한

국은 자살률 1위라는 불명예를 안고 있다. 취미나 즐거운 일상이 없이 일에만 매진하는 사람들이 주로 걸리는 병은 무기력증이나 자기혐오, 불안 장애나 우울증인데 이것들을 견디지 못해 심지어 자살이라는 비극을 낳기도 한다. 그렇기 때문에 이와 같은 심리적 부담감은 더 이상 역사에 남은 예술가, 혹은 과학자들에게만 해당되는 일이 아니다.

이제는 직장이나 가정에서도 문제가 일어나면 예전보다 복잡하고 새로운 문제들이 많이 돌출되기 때문에 새로운 관점으로 돌파해야 하는데 이럴 때 창의성이 필요하다고 본다. 회의와 프로젝트에 대한 참신한 아이디어가 필요할 때는 평범한 사람도 창의성을 발휘해야 하는 '예술가' 혹은 '과학자'로 변해야 된다. 다 빈치가 살아있을 당시에는 예술가를 기술자로 분리되었던 것처럼, 현대 사회에서 직업을 가지고 있는 모든 사람들은 누구든지 '예술가' 또는 '과학자' 기질을 가지고 일을 할 밖에 없는 환경인 것이다.

인간이 살고 있는 사회는 스트레스로 둘러싸여 있다. 현대인의 가장 큰 병의 근원은 스트레스인데, 이 스트레스라는 용어를 사용한 게 1970년대 부터라고 생각하면 약 40년 동안 스트레스가 우리 생활에서 얼마나 크게 자리 잡았는지를 알 수 있다. 세일Seyle, 1988은 환경에 적응을 못하거나 대처에 실패했을 때 스트레스가 생긴다고 정의하였다. 스트레스는 분명히 사람의 인체에 해롭다. 그렇지만 인체에 해롭다고 하는 스트레스가 창의성에는 도움이 된다는 아이러니한 연구 결과도 있다.

스트레스와 창의성에 대한 문헌들 속에서는 서로 상반되는 의견들이 많은데, 창의성이란 자기표현과 자기노출이기 때문에 스트레스가 감소된다는 설도 있지만, 니콜과 롱Nicol and Long, 1996은 음악애호가 집단을 대상으로 한 연구에서 스트레스가 낮은 사람일수록 창의성이 높다고 발표하기도 했다. 창의적인 사고는 스트레스에 대처하기 위한 자원이고, 스트레스를 완화시킬 수 있는 도구이기도 한 셈이다. 그러나 사실상 스트레스와 창의성의 관계는 보다 훨씬 복잡하다. 양극성 장애와 창의성의 관계가 여러 관점에서 시사된 바와 같이 스트레스 역시 양면성을 지니고 있다.

스콧Scott, 1985은 창의적인 사람들이 다른 사람들보다 더 많은 스트레스를 지니고 있다고 제안하였다. 이것은 창의적인 존재의 심리적 고통과 낙인에 대한 연구와 매우 일치하고 루벤슨과 룬코 Rubenson & Runco, 1992가 이야기하는 창의성의 핵심 특성 중 하나인 '민감성'이라는 요인과도 일치한다. 창의적인 결정을 할 때 여러 요인들이 다 함축되어 있기 때문에 민감하게 느끼거나 고민하지 않으면 그릇된 판단을 할 수 있다. 그리고 민감성은 세세한 정보들에 예민하게 반응하기 때문에 더 정확하고 아름다운 작품이나 결정(結晶)을 만들어 낸다. 또한 창의적인 경험과 이에 따른 해석에 따라 스트레스 반응이 더 많기 때문에 민감할 수도 있을 것이다.

결론적으로 정신적 질환과 스트레스 모두 창의성과 연관은 있지만, 개인마다 다른 결과를 보이는 것이 확실하기 때문에, 심리학적으로 창의성을 정의내리기는 쉽지 않은 거 같다.

1950년대부터 인지심리학의 발달에 의해 창의성 안에 사고처리를 어떻게 하느냐, 라는 중요한 이슈가 떠올랐다. 와이즈버그Weisberg

는 상향처리와 하향처리로 창의적인 사고가 어떻게 일어나는지 설명하고 있다. 예를 들면 평범한 사고는 현재나 미래 지향적이기 보다는 과거에서 생겨나는 것인데, 환경과 지식, 지각 등 여러 요건들을 차례대로 거치며 결국 창의적인 생각으로 연결된다는 것이다.

어떻게 보면 창의적인 사고가 나올 때 시간이 오래 걸리는 이유는 한 아이디어가 여러 지능적, 사고적 과정을 거치기 때문이다. 그리고 우리가 인식하지 못하지만 그 과정 안에서 올바른 조합을 찾아가면서 세상으로 나오려고 하기 때문인 듯 싶다. 때로는 창의적인 생각을 떠올리는 사람이 자신 조차도 터무니 없는 아이디어라고 생각될 때가 있기 때문에, 그것을 자신에게 납득시키려는 과정일지도 모른다.

결국 창의적인 것은 특별하고, 독특한originality 것이며, 관습, 때로는 윤리적인 것을 파괴하는 것이기 때문에 창의적인 사람들은 특이하며, 때로는 이상하게 보이기도 한다. 그리고 일반인들과 구분되는 특이한 점들을 지니고 있는 듯하다. 창의적인 습관에는 성격과 정서적인 것들이 많은 부분 포함되어 있기 때문에, 어쩌면 창의성 자체가 심리적인 비용을 더 요구하게 되는 것은 당연하다고 볼 수 있다.

그렇기 때문에 일반 생활을 할 때에는 그러한 현상들을 알아채지 못하지만, 창의성이란, 심적인 침체기(沈滯期)가 왔을 때 오히려 더 뛰어난 창의성이 나올 수 있다는 희망을 가져야 한다. 그리고 슬럼프가 온다면, 내 인생에서 가장 창의적인 순간이 될 수도 있다고 믿는 시간이 될 수도 있을 것 같다.

제2장

창의성의 정의

'천재'라고 불리는 사람들이 있다. 하지만 창의성에 대해 논하기 위해서는 '천재' 뿐만이 아닌 분류의 사람들에 대해서도 연구를 해야 한다. 그렇다면 천재가 아닌 경우, 어떤 기준으로 창의적인 사람이라는 정의를 내려야 할까. 사실 '창의성'의 기준이 상당히 애매할 때가 많아서 누구를 창의적인 사람이라고 하고 누구를 창의적이지 않은 사람이라고 해야 할지 모호할 때가 많다.

지구에 존재하는 수십억의 사람이 한 사물을 바라보는 모든 시각이 같을 수 없고, 이견 없이 모두가 하나 같이 이 사물을 창의적이라고 할 수는 없을 것이다. 왜냐하면 이 사물은 누구에게는 창의적이지만, 누구에게는 식상한 것일 수도 있기 때문이다. 완전히 새로운 것을 찾기가 힘들다. 새로운 것보다는 새롭게 '보이는' 것이 가능하거나 참신하다는 생각이 드는 경우가 더 많을 것이다.

지역의 문화와 자라난 환경, 전공, 연령에 따라 창의적인 것을 구분하는 능력도 다를 것이다. 창의성에 대한 연구를 하지 않는 일반인들은 물론, 때로는 창의성에 대한 연구 분야 내의 연구자들조차도 창의성에 대한 환상이 있는 것 같다. 그만큼 창의성은 말로 표현하기 힘들고, 신비함으로 가득 차 있어서 일상생활 속에서나 일반적인 상황에서는 창의성을 찾기 힘들다고 생각하기 때문에 예술 분야에서 창의성의 예시를 찾는 경우가 많은 것 같다.

사실 '창의성'이란 단어에 내재되어 있는 뜻은 물질적 의미보다는 보다 추상적이고 포괄적인 의미를 지니고 있다.

잭슨과 메식Jackson and Messick, 1965은 창의적인 결과물은 그것을 바라보는 사람으로 하여 자극을 받으며 만족감과 감탄이라는 굉장히 뚜렷한 반응을 유도한다고 주장하였다. 신기한 사실은 창의성에 대한 과학적인 시스템으로 설명하고자 하는 심리학자들조차도 창의성이란 인간의 오감을 만족시킨다고 말하는 것이다. 어떻게 보면 창의성을 평가하는 것은 인간의 감정이기 때문에 정확한 데이터나 과학적으로 입증하기가 힘든 부분일 것이다.

그렇다면 창의성은 이성의 영역인가, 아니면 감성의 영역인가.

분명 기술과 과학은 이성적인 분야이지만 결과물이 나왔을 때 인간이 느낄 수 있는 가장 큰 감탄을 자아내는 분야 중에 하나임이 확실하다. 기술이나 과학이 없다면 예술 분야도 제약을 많이 받으므로 이것은 과학의 위대성을 보여주는 예이기도 하다.

사실 창의성을 단면적으로 바라본다면 창의성에 대한 정의를 내리기가 더욱더 어려워진다. 그 이유를 창의성 연구를 하는 학자들이 잘 보여주고 있는데, 위에 언급했듯이 창의성이란 경탄을 자아내고, 이러한 반응을 나타내는 기준이 하나가 아니라 여러 준거가 있어야 한다고 하기 때문이다. 학자들은 창의성의 기준이 애매하다고 말하고 있다. 하지만 이 애매모호함 속에서도 새로움Novelty와 함께 유용함Usefulness이 존재하면 창의적이라고 할 수 있다고 한다Amabile, 1996; Feist, 1998; Guilford, 1950; Simonton, 1988; Sternberg, 1988. 다만 새로움이나 유용함 중 하나라도 없다면 창의성이라고 정의할 수가 없다고 한다. 하지만 여기서 더욱더 복잡하게 만드는 사실은 학자들이 말하는 유용함이란 단순하게 현실적으로 필요하고 실용적인 것이 아니라, 문학적으로, 기술적으로, 심미적으로, 경제적으로 모두 의미가 있는 유용함이어야 한다는 것이다. 그렇기 때문에 창의성을 단순하게 한 가지 모습으로 판단해서도 안 되고 한 관점으로만 측정해서도 안 된다.

이렇게 창의성에 대한 연구가 활발하게 진화하면서 창의성에 대한 타입도 늘어나기 시작했다. 그래서 창의성을 연구하는 시각과 필요성에 따라 보다 쉽게 창의성의 분류를 나누었다.

우선 큰 틀의 창의적인 사고에는 보든Boden, 2004이 제시한 역사적 창의성Historical creativity과 심리적 창의성Psychological creativity이 있다. 두 창의성 모두 처음에는 개념이나 사고방식 같은 '아이디어'가 얼마나 독창적이고 참신한지를 평가하기 위해 정의되었다. 하지만 지금은 그 범위가 훨씬 광범위해져서 어떤 인물이 '얼마나' 창의적인지를 평가할 때도 사용된다.

이는 창의성이 우연 같아 보이지만 그 우연함들을 모으고 시스템적으로 보게 되면 체계적으로 창의성에 대해서 알 수 있다는 생각을 정리한 내용이다.

역사적 창의성은 예측 불가한 것으로, 역사를 살펴보면 현재까지 그 누구도 같은 아이디어를 떠올리거나 재현하지 않은 경우를 뜻한다. 그래서 역사적으로 의미를 가질 수 있는 아이디어를 떠올리는, 굉장히 큰 의미를 지닌 창의성이라고 할 수 있다. 역사적 창의적인 사람이란, 이러한 큰 아이디어(역사적 창의성 아이디어)를 만들고 구현한 사람을 뜻한다.

심리적 창의성은 역사적 창의성보다 더 예측이 가능하다. 심리적 창의성은 전에 사례가 있었어도 상관없기 때문에 역사적 창의성보다는 조금 더 섬세하고 디테일이 강한 것이다. 이러한 창의성은 예술이나 과학 등 여러 분야에서 독창적인 아이디어가 떠오르는 것을 포함한다. 심리적 창의적인 사람은 인생에 단 한 번만 큰 아이디어를 내는 게 아니라, 일관되게 심리적 창의적인 아이디어를 생각하는 사람이다.

이러한 이론에 기반하여 비범한 사람과 평범한 사람의 창의성을 연구한 결과, 비범한 사람은 역사적 창의성을 발휘하는 사람이지만, 아이디어가 만들어지는 과정은 그 어떠한 이론과 원리로 설명할 수 없을 정도로 독특한 방법으로 진화하기 때문에 평범함과는 관계가 멀다고 설명하고 있다. 따라서 역사적 창의적인 사람은 훈련이나 환경보다도 신의 도움은 물론 통찰력, 직관 같은 미래를 내다볼 수 있는 넓은 시야같은 특별함이 필요하다고 설명하고 있다. 반면에 심리적 창의적인 사람들은 의식적으로 꾸준한 교육을 통해 창의성을 만들어내는 사람들이다.

이 외에도 카우프만과 베게토Kaufman and Beghetto, 2009는 창의성을 빅 CBig C, 리틀 CLittle C, 미니 CMini C, 프로 CPro C로 나누고 있다. – 여기서 C는 Creativity를 뜻한다.

빅 C에 해당하는 창의성은 여러 세대에 걸쳐서 지속되어 창조된 지 수백 년이 지나도 기억되고, 사용되며 창의성의 유형으로 역사적 창의성과 유사성을 가지고 있는 듯 하다. 조금 다른 영역이고 다르게 설명이 되지만, 몇 세대에 걸쳐서 기억되는 역사적으로 의미있고, 큰 틀에서 만들어지는 창의성이라는 점이 비슷한 맥락을 지니고 있는 것이다.

리틀 C는 빅 C와 달리 일상 생활 속에서 나타나는 창의성을 뜻한다. 하지만 일상 속에서 일어나는 현상이라고 무시하고 지나갈 수 있는 것이 아니라, 핵심적이면서도 중요한 역할을 하는 창의성의 분류이다.

미니 C는 다른 창의성에 비해 조금 독특하다고 볼 수도 있는데,

학자들은 미니 C를 어린 아이에 비유하고 있다. 어린이는 호기심이 끊임없이 지치지 않고 나타나기 때문에 이러한 부분의 원동력이 되어 동기 부여가 될 수 있으며, 동심의 세계야말로 창의성의 원천이라고 설명하고 있다. 그렇기 때문에 미니 C는 인생에 걸쳐 아이디어와 영감을 계속 얻을 수 있는 자극제이다. 그리고 이러한 동심은 여러 분야를 두려워하지 않고 탐색할 수 있게 해주기 때문에 자연스럽게 융합이 일어날 수 있는 기회를 제공하기도 한다.

프로 C는 전문가 수준에서의 문제를 해결하고, 프로젝트와 아이디어를 끝까지 수행할 수 있는 현실적인 창의성을 뜻한다. 그렇기 때문에 프로 C는 좁을 수 있지만 전문적인 분야에서 깊은 지식을 필요로 하는 창의성이기도 한다.

창의성을 하나로 묶어서 정의를 내린다면 너무 복잡하고 미묘한 부분이 많아서 설명을 할 수 없는 부분이 더 많을 것이며, 어디부터 어디까지 어떻게 나누어야 하는지 애매모호할 것이다. 자연과학에서 접근하는 창의성은 기억들을 새롭게 조합하는 것이기 때문에 또 다른 새로운 분야의 창의성에 대한 설명이 나올 것이다.

이러한 이유에서 창의성에 대한 정의가 연구 분야마다 조금씩 다르고, 또 시대에 따라 다르고, 확장되어가고 있기 때문에 연구는 갈수록 세밀해지고 세분화되고 있다.

창의성 안의 사고하는 능력 또한 여러 종류로 나누어지는데, 크게 평범한 사고와 비범한 사고로 나누어지고 이를 다르게는 창의성 안에서 평범한 과정과 비범한 과정으로 나누기도 한다. 창의성 안의 평범한 사고는 심리적 창의성과 비슷하다고 할 수 있고 비범한 사고는 역사적 창의성과 조금 비슷한 점이 있다. 평범한 사고에서는 새로움을 찾는 것이 쉽지 않다. 기억이 과거에 의존하며 기존의 고정 관념 또는 선입견에 묶여 있으면 참신한 생각이 태어날 공간이 생길 수 없다. 반면 비범한 사고는 환경과 자신의 과거, 기억, 추억 등에 영향을 받지 않고 섬광처럼 나타나는 아이디어를 얻을 수 있다. 그렇기 때문에 와이즈버그Weisberg, 2006에 따르면 비범한 사고의 기본적인 틀은 부정적인 결과에서 출발한다고 하였다. 이러한 맥락은 어떠한 결과가 나올지 모르는, 예측하지 않는 결과에서 나오는 틀이기도 하다.

하지만 진화하는 창의성에 대한 연구가 창의성의 카테고리 속에서 세분화되어 가고 있지만, 큰 틀 안에서 보는 창의성에는 이런 세분화가 별 의미가 없어 보인다. 결국 창의적인 것은 인간에게 큰 만족감이나 유용성을 주어야 하는 큰 틀이 있기 때문이다. 각 분야에서 창의성을 발휘하는 것은 뛰어난 작품을 위해 있는 일상 같은 일이다. 창의성을 위한 길은 멀고 험난하지만 누군가에게는 매일 해야 하는 평범한 일 일수도 있다.

이 외에도 여러 분류의 창의성으로 다양한 연구가 펼쳐지고 논의되고 있지만, 창의성의 본질을 확실하게 파악하기란 쉬운 일이 아니다.

그럼에도 불구하고 창의성을 예술적 창의성, 과학적 창의성, 상업용 창의성 등 여러 분야로 나누어 볼 수 있겠다. 왜냐하면 결국 때에 따라 사용해야 하는 범위의 지식과 감정 분야가 다 다르기 때문이다.

제3장

창의성의 다중성

창의성과 파라독스

창의성을 심리학에서 연구했듯이 창의적인 사람들은 기분 장애와 정신분열증 등 내적인 감정 압박 뿐 아니라 환경의 압박 같은 외적 압박의 끝없는 긴장감 속에서 살아가고 있다. 긴장감은 일관된 느낌이 아니라 평범과 비범함, 단순함과 복잡함, 감성과 이성 등 상반되고 양극화된 반응으로 존재한다.

사람은 늘 슬프기만 하거나, 늘 기쁘기만 하지 않고, 슬프기도 하고 기쁘기도 한 복합적인 생명체다. 웃기면서 슬프기도 하고, 기쁘면서 아프기도 한, 한 마디로 한 가지의 감정이 아니라 여러 종류의 감정을 동시에 느끼고 있다.

이렇듯, 사람의 존재는 상반되는 여러 가지 요인이 한 곳에 섞여 만들어진 유기체며, 창의성 또한 불합리적인 요소들의 복합체이다. 파라독스가 창의성에서 중요한 이유가 바로 이 점이다. 창의성의 정의에서 언급했듯 여러 종류의 창의성이 있고 그 창의성이 발현될 수 있는 환경과 인간의 생각 프로세스에 따라 너무 많은 조합이 존재하기 때문에 비슷한 성질의 조합 만으로는 창의적인 아이디어가 탄생할 수 없는 것이다. 이해할 수 없고, 일관성이 없지만, 그냥 받아들이며 파라독스를 인정하는 순간 정답의 수가 늘어나고 보이지 않았던 문제의 해답이 나타날 수 있는 기회가 될 수 있다. 어쩌면 이것이 와이즈버그가 말하는 '비범한 창의성은 부정적인 결과에서 출발한다'는 맥락과 비슷하다고 볼 수 있겠다. 사회의 선입견은 이러한 파라독스를 가장 먼저 제거하는 역할을 한다. 그럴 때 필요한 답을 함께 제거하는 효과가 나타날 수도 있다. 그렇기 때문에 기존의 사고방식에서 벗어나지 못하면 복잡한 문제를 너무 심하게 나의 사고에 맞게 맞춰버려 단순화해 버릴 수 있는 오류가 발생한다. 단순한 것이 늘 실용적이지는 않다.

쉽게 지나치는 역설적 현상 중 하나는 가장 대조적인 분야에서 예를 찾는 것이다. 근래 학자들은 경영인을 음악가, 특히 지휘자에 비유한다. 이는 새로운 돌파구를 창의성에서 찾을 때 오케스트라 구조가 경영 구조와 비슷하다고 설명하기 때문이다. 분명 지휘자는 탁월한 리더이며, 그가 속한 오케스트라의 수익과 이미지를 책임지는 중요한 인물이다. 이런 관점에서 볼 때, 경영이 오케스트라에 비유되는 것은 경영도 예술의 한 부분이라는 사실을 인정하는 것이다.

하지만 재미있는 사실은, 오케스트라는 자유로운 성향의 예술가들로 구성되어 있지만, 엄격한 규율을 지니고 있으며 집단적인 움직임이 강한 조직이다. 그렇기 때문에 개개인은 예술가이지만 오케스트라라는 조직이 되는 순간 한 목표를 위해 본인의 소리를 나머지 단원들에게 맞추어가며 서로 융합하고 조화를 이루게 하는 단체가 되는 것이다. 수 십, 수 백 명의 예술가를 한꺼번에 통제하고 아우르는 일은 분명 어렵고 피곤한 일이다.

현대 사회는 개인 개인, 한 명씩 모두 예술가 같은 복잡한 인간미와 심리적인 상태로 살아가는 것 같다. 그래서 사실상 최고경영자가 움직이는 것은 거대한 조직이 아니라, 예술가들을 움직이는 것과 같다. 그렇기 때문에 더욱더 민감하고 민첩하게 경영을 해야할 수 밖에 없을 것이다.

조직은 결국 사람들로 이루어져 있다. 기계들이 모인 곳을 우리는 '조직'이라고 부르지 않는다. 이로 인해 한 조직에는 다양한 경험과 과거, 그리고 문화가 다른 사람들이 모인 곳이기에 파라독스적인 단체가 될 수 밖에 없다. 하지만, 이러한 다양함을 아우른다면, 좋은 팀원으로 일 할 수만 있다면 조합이 맞지 않을 것 같아 보여도 이보다 더 좋은 단체는 없을 것이다.

가장 감동적인 음악은 고음과 저음이 함께 나올 때 가능한 일이다. 넓은 음역의 끝에서 끝을 연결하는 음악이 감정을 샘솟게 할 수 있는 것이다. 이것 역시 비슷한 음역대만 고집한다면 음악적이기 보다는 기계적인 음악이 될 가능성이 높고 다른 음역대를 잘 이해하고 어떻게 사용함에 따라 소음이냐, 기계적인 음악인가를 판가름하게 한다. 또한 음역대 사용에 따라서 인간을 감동시킬 수 있으며, 마음에서 우러나오는 음악을 들려줄 수 있는가를 결정하기도 한다. 이 음역대를 하나의 곡으로 만드는 사람이 작곡가인 것 처럼, 여러 사람들이 모인 조직을 하나의 힘으로 만드는 것은 최고경영자가 정하는 경영 방식에 있다.

경영의 시스템화에서 피터 드러커Drucker가 말하는 인간 중심의 자본주의는 예술을 통해 승화하려는 것이다. 1988년 드러커는 한 인터뷰를 통해 미래 기업은 심포니 오케스트라처럼 움직일 것이라고 말했다. 어떻게 보면 이것은 미래 경영에 대한 예언이 될 수도 있을 것이다. 오케스트라가 그냥 평범한 조직이 아니라는 점에서 미래를 시사하는 내용이 분명하다.

같은 상황에 대해 여러 사람들의 증언들이 상반 되듯, 창의성에도 여러가지 상반되는 조건들이 있다. 문제는 모순되는 모습들을 조합해야 하는 것인데, 파라독스의 인식이 모순덩어리를 정리해주며, 사고의 유연성을 더해주는 것은 매우 흥미롭다. 이것이 바로 오케스트라의 개성과 특징이 강하고, 고음과 저음의 양극화가 심한 악기들이 이런 모순을 극복하고 하나의 소리로 뭉칠 수 있는 좋은 예다.

또한 창의성에서 가장 큰 파라독스는 변하는 것과 변하지 않는 것을 동시에 창조하는 것이다. 이것은 불가능한 것 같지만 인간의 존엄성이 나타나는 그 시대의 흐름에 맞는 정확한 표현력을 구사할 때 창의적인 대안을 내놓을 수 있다.

인간이란 태생적으로 파라독스를 내재한 채 살아가는데, 대부분의 사람들은 이를 인정하기 싫어한다. 어른이지만 어린아이 같은 마음을 지닌 것이 인간이 생태적으로 지니고 있는 갈등의 시작이며 파라독스의 본 모습이다. 이런 역설적인 순간들을 인식하고 받아들이는 순간부터 쉽게 갈등의 원인을 깨달을 수 있으며, 창의성에 큰 도움이 된다.

창의성에서 볼 수 있듯이, 외적인 압박이 창의성을 저해하기도 하고, 촉진시키기도 한다. 다만 어떤 환경에 어떤 과제와 동기가 창의성에 필요하냐에 따른 다른 답일 뿐이다. 이렇듯, 창의성에서는 한 가지의 정답 뿐만 아니라, 여러 답을 찾고, 그것을 인정하는 데에서부터 비로소 진정한 창의성이 시작된다.

창의성과 윤리

언뜻 들으면 모순되는 것처럼 들리지만 창의성과 윤리는 공존한다. 어쩌면 21세기에는 창의성과 윤리가 공존할 수 밖에 없기 때문에 창의성을 발휘하는 데 있어 더 많은 제약 같이 느껴질 수도 있다. 특히 4차 산업의 발전에 따라 새로운 윤리 제도가 필요한 것은 분명하다. 인공지능이라는 새로운 지평선이 열리는 순간, 우리는 기계에게 어떠한 윤리를 요구해야 할지 모르지만, 가장 창의성이 필요한 인공지능 분야와 윤리는 꼭 함께 만들어져야 하는 사실은 확실하다.

창의성이 존재하는 한, 윤리도 함께 존재했지만, 창의적인 인물들에게는, 특히 예술가들은 윤리와는 무관한 삶을 살아도 사회적으로 큰 질타를 받지 않았다. 예술성을 인정 받으면 그의 행동이 도덕적이지 않더라도 그가 창조해내는 예술의 가치가 떨어지지 않았다. 이는 18세기부터 생긴 선입견 중 하나로, 창의적인 사람들은 자유로운 삶을 살아야 한다는 인식이 이 때부터 자리 잡았기 때문이다. 어쩌면 대중이 예술가란 직업을 자신들의 모습과 너무 다르게 생각하기 때문에 나온 인식일 수도 있겠다. 하지만 예술가 또한 인간이기 때문에 법과 윤리의 테두리 안에서 생활하는 것이 옳다는 인식이 다시금 만연하게 되었다.

창의적인 인재는 절제된 생활 패턴이 불가능한 것일까? 엄격히 말하자면 제약과 자기관리는 창의성에 영향을 많이 미치기 때문에 윤리 또한 창의성에 영향을 끼친다. 현재 거론되는 윤리는 '도덕'에 가까운 윤리다.

우리는 '천재'에게는 많은 관용을 베푼다. 대중은 업적이 뛰어난 학자나 예술가, 혹은 성과를 잘 내는 경영인이 일상에서 나타내는 독특한 아이디어나 사고방식에 대해서 인정하고 따르는 경향이 있다. 특히 예술가들의 경우에는 특이한 성격으로 주변인들에게 불편함을 끼치고 비윤리적인 행실을 취해도 당연하다는 인식이 아직도 존재하기 때문에 창의적인 사람에게 윤리는 힘든 조건이라고 생각되는 것이다.

그러나 창의성이 감당해야 하는 사회적 구조와 편견으로 인해 더더욱 윤리를 강조하고 있다. 특히 집단 속에서 창의성을 발휘하고 싶다면 동료들과 보다 더 돈독한 유대관계를 유지하면서 윤리적인 사고를 해야 서로 협력할 수 있기 때문에 현대에는 피해갈 수 없는 파라독스가 현실이 되어 버렸다. 또한 현재는 예술가라는 직업보다는 예술을 '다루는' 직업이 더 포괄적으로 넓어지고 있고, 이러한 일이 사회에 도움이 되어야 한다는 생각들로 바뀌기 때문에 대중에게 나타나는 직업일수록 윤리적으로 더 엄격하게 다루어질 수도 있다. 수

많은 이해관계 속에서 모든 사람들을 만족시킬 수는 없다. 분명히 나와 생각하는 방식이나 삶의 방식이 맞는 사람이 있을 것이고, 맞지 않는 사람도 있지만, 결과적으로 모든 행동을 윤리적으로 행한다면 전체적인 인식에서 모두에게 동의를 얻을 수 있을 것이다.

지금 같이 미디어가 발달되는 상황과 앞으로 발전될 미래에서는 비윤리적인 행동이 훨씬 빨리 알려질 두려움을 가지고 있기 때문에 사회가 정해준 범주 안에서 창의성을 실현하려는 노력이 필요할 것이다. 결국 이로 인해 창의성이 저하 될 수도 있겠지만, 오히려 사람들을 만족시킬 수 있는 상품이 나올 가능성을 배제할 수는 없다.

또 21세기는 '윤리'와 함께 '공유'라는 키워드가 자리 잡고 있어 창의성에 대한 욕구도 조금 다르게 일어날 것이다. 인간 혹은 사회에 해를 끼치는 창의성은 창의적이라고 인정받지 못하며, 친환경적이고, 누군가에게 더 많은 도움이 되는 창의성일수록 창의적이라는 인식이 퍼지기 때문이다. 해를 끼친다면 그것이 아무리 새롭고 독창적인 방법이어도 창의적이기 보다는 사회의 악 같은 산물로 인식될 것이다. 그렇기 때문에 창의성의 의미와 현실에서 실현하고 싶은 창의성일까, 라는 고민을 할 때 분명히 윤리적인 행동일까, 라는 반문을 꼭 같이 해보아야 할 것이다.

제4장

창의성과 인공지능

인공지능은 여러 의미에서 인간의 뇌에서 시작하여 발전되고 있다. 인공지능에 대한 아이디어는 당연히 인간의 머릿속에서 탄생하였고, 뇌의 신경세포들의 모습에서 영감을 받아 그 모습을 모방하며 진화하기 시작하였다. 1940년대 후반부터 50년대 초반, 뇌는 뉴런으로 이루어진 네트워크라는 연구가 나오기 시작했고 이로 인해 인공두뇌를 만들어 전자적 구축이 가능할 수 있다는 아이디어가 인공지능의 시초인 것이다. 인공지능은 이미 여러 산업에서 많은 부분을 차지하고 있고, 앞으로도 더욱더 발전될 것이다. 특히 요즈음 큰 이슈가 된 빅데이터와 사물 인터넷은 물론 인공지능의 범위는 기업이나 일상 생활 뿐 아니라, 과학이나 예술 같은 전문적인 분야까지 침투하고 있다. 인공지능의 끝이 어딘지 가늠하기는 어려울 듯 하다.

인공지능은 굉장히 현대적이고 미래지향적으로 보인다. 하지만 인공지능의 연구가 시작된 20세기 중반인 1950년 대부터 21세기에 오기까지 많은 실패와 슬럼프를 겪은 분야이기도 하다. 지금의 인공지능은 너무나도 당연하다는 듯이 우리의 미래에 꼭 필요한 학문으로 자리 잡고 있지만, 이렇게 되기까지 많은 학자들의 연구가 있었다. 그리고 이러한 결과를 실용적으로 사용하는 전문가들 덕분에 우리가 새로운 기술을 접할 수 있게 되었다.

현재는 딥러닝, 머신러닝, 강화 학습 등 굉장히 정교해지고 세분화 되었고, 강해진 학습 능력을 지닌 컴퓨터의 뇌가 인간이 미쳐 계산하지 못하는 것까지 접수하고 있다. 실용적으로 응용되어 사용되는 부분은 물론 학자들은 보다 더 복잡하고 인간다운 인공지능을 만들기 위해 계속 노력하고 있다.

인공지능은 인간보다 더 뛰어날 수 있는 것일까. 만약에 인간의 능력을 부분적으로 나누어 인공지능과 비교한다면 분명히 인공지능이 인간보다 더 탁월한 부분이 있을 것이다. 하지만 인간이란 원래 전체적인 사람을 보아야 되기 때문에 감정이나 지혜 같은 면을 같이 아우른다면 인공지능보다 더 훌륭하다. 그렇지만 인공지능에게서 인간의 손에서 만들어주는 데이터 뿐 아니라, 인공지능 혼자 할 수 있는 학습의 새로운 레벨이 나온다면 무엇을 어떻게 터득할 지는 아무도 예측할 수 없을 것 같다.

신기하게도 창의성을 연구하는 학자들은 이미 70-80년 대부터 인공지능에 관심을 가지고 있었다. 아무래도 창의성은 심리학 혹은 인지 과학에서 많이 다루는데, 인공지능 또한 심리학적 실험을 하기 위해 만들어졌기 때문에 창의성을 연구하는 학자들이 인공지능에 관심을 가졌을 것이다. 2장 '창의성의 정의'에서 언급되었던 마가렛 보든Margaret Borden 역시 70년대 부터 인공지능에 대한 책을 집필하였다. 그래서 그녀는 한 분야 뿐이 아니라, 여러 분야의 학문들을 섭렵하여 창의성에 대해 깊은 연구를 하고 정의를 내릴 수 있었던 것이다. 또한 인문과 과학을 넘나든 것도 하나의 특징이다. 대부분 여러 학문을 받아들일 때 인문 또는 과학 한 쪽으로 치우치기 마련인데, 보든 같은 경우는 양쪽의 학문을 균형있게 포용하였다. 창의성의 전문가들은 대부분 많은 분야들을 익힌 다음 창의성을 어떻게 풀어갈지에 대한 고민을 하기 때문에 창의성을 여러 분야에 융합하기도 하는 것 같다. 예술가들은 왜 창의적인가, 과학자들은 어떻게 창의적인가, 경영인들의 창의성은 어디서 발현되는가, 등 창의성을 여러 각도로 연구하며 새로운 사실을 발견하기도 하고, 우리가 지금까지 상식적으로 생각했던 생각들이 맞다는 것을 발견하기도 한다. 보든은 인공지능이 인간의 뇌을 이해하는데 도움이 된다고 말하였다. 그리고 인간의 창의성을 이해하는데도 도움이 된다고 하였다. 학문적으로 봤을 때 인공지능은 인간을 더 이해할 수 있게 도움을 주는 것이지만, 실용적인 면에서 인공지능은 인간의 삶을 더 편하게 만들어 주는 역할을 하고 있다. 또한 기업의 입장에서는 빠르고 정확한 분석을 통해 소비자의 패턴을 분석하여 더 좋은 제품을 만들기 위해 인공지능을 사용하고 있다. 이러한 이유들로 인공지능은 이미 개개인의 인생에 크든 작든 영향을 끼치고 있는 것이 분명하다.

창의성에 대한 의문을 푸는데 인공지능이 도움이 되듯이, 인공지능을 발전시키기 위해서는 창의성이 필요하다. 인공지능이 창의성과 비슷한 점은 어느 분야에서 어떻게 사용하느냐에 따라 많은 변형이 가능하다는 점이다. 수많은 프로그래밍 언어 중 나에게 적합한 언어를 찾는 것부터 알고리즘을 만드는 것, 표현하는 방법, 그리고 하고 싶은 분야를 정하는 것, 무엇 하나도 간단하지 않고 쉽지 않다. 여기서 기술적으로 프로그래밍 언어만 잘 다루는 것과 데이터를 잘 다루는 것, 분석하는 것, 알고리즘을 만드는 것은 다 다른 영역이기 때문에 이 모든 것을 통합하는 능력과 창의성이 더욱더 필요한 것이다. 인공지능이 처리할 수 있는 능력은 텍스트에서 이미지로, 이미지에서 소리의 영역으로 넓혀가며 눈부시게 발전하고 있다. 특히 소리 같은 경우는 음성이 있고, 음악이 있는데 음악에서는 단선율에서 다성음악polyphony으로 발전하고 있다. 하지만 이미지보다 음악의 발전 속도가 느린 것이 사실이다. 시각적인 것을 인식하는 것이 청각적인 것보다는 더 수월한 점도 있는 것 같다. 그리고 데이터의 용량 차이도 무시할 수 없는 이유 중 하나다. 텍스트와 이미지도 파일 용량의 차이가 있지만 이미지와 음악 데이터의 용량 차이는 더 크기 때문에 어떤 데이터를 사용하는지에 따라 결과에 큰 영향을 미칠 수 있어서 일관성 있는 연구를 위해서는 데이터 관리도 굉장히 중요하다고 할 수 있겠다.

인공지능의 발달에도 불구하고 왜 창의성의 필요성은 줄어들지 않는 것일까.

우선 인공지능은 사람의 손에 의해 계속 만들어지고 있는 중이다. 이것은 인공지능이 어떤 것을 해야하는지 사람이 결정하고 있기 때문에 인공지능이 인간의 영역을 더 침범하기 까지는 아직 시간이 남아있는 듯 하다. 비록 이 시간이 조금일지라도. 그러므로 인간의 결정에 따라 인공지능의 성격이 크게 변할 수 있고, 인공지능의 새로운 지평선을 열기 위해서도 인간은 끊임없는 노력과 창의력으로 난관들을 헤쳐 나가야 된다.

인공지능이 발달될 수록 비전공자들도 프로그래밍 언어를 습득해야 하는 시대가 열리고 있다. 이미 학문의 융합이 옵션이 아닌 필수가 되었다. 인공지능을 다양한 방법으로 사용하고 표현하고 싶다면 컴퓨터 공학 외 다른 전공이 필요하다. 마케팅과 인공지능, 분석과 인공지능, 예술과 인공지능, 보안과 인공지능 등 수없이 많은 분야들과 인공지능의 융합이 이미 불가피한 상황이다. 그렇기 때문에 이제는 그냥 내가 가지고 있는 과제를 달성하는 것에서 멈추는 것이 아니라, 꾸준히 창의성에 대한 필요성이 늘어날 수 밖에 없을 것이다. 스마트폰과 인공지능 그리고 블록체인까지 앞으로 점점 빨라지는 변화 속에서도 적응을 할 수 있는 방법은 새로움을 받아들이고, 계속 혁신하는 방법 밖에는 없을 것이다. 이러한 이유들 때문에 문제 해결을 위한 창의성이든, 역사적 창의성이든, 어떠한 형태의 창의성이든 작은, 혹은 크게 개인 속에 창의성이 내재 되어 있어야만 평정을 유지 할 수 있을 것이다.

창의성은 어렵다. 어렵기 때문에 우리는 가능하다면 창의성을 택하지 않으려고 노력할 때도 있다. 창의성이 아닌 평범함을 선택하려고 하지만, 이제는 선택의 여지가 점점 사라질 것이다. 그래서 어느 날, 우리는 창의성이 무엇인지 생각도 하지 못한 채 창의성을 발휘하고 있을 수도 있을 것이다.

제5장

창의성 - 개인 레벨
(예술적, 과학적 창의성)

창의성이란 한 가지 방법으로는 이룰 수 없는 여러 단계의 복잡한 과정을 거쳐 얻을 수 있는 결과이다. 창의적인 산물이나, 아이디어 혹은 어떤 문제 해결은 순간적인 번뜩임으로 오해를 받을 수 있지만 번뜩임의 순간을 위해서는 축적되어 있는 깊은 내면의 세계에서 여러 단계를 거쳐 그 순간이 실현되었다는 사실을 알 수 있다. 그렇기 때문에 겉으로 보여지기에는 단순하지만 복잡한 생각들이 무의식에 내재 되어 있었다는 사실들이 드러나게 된다. 그러한 과정들을 한 문장, 혹은 한 단어로 설명하기가 불가능하기 때문에 창의성에 필요로 하는 요건들을 하나씩 살펴볼 것이다.

'개인 창의성'은 창의성의 레벨에서 가장 기초적인 단계이다. 왜냐하면 개인이 있어야 그룹이 있고, 사회가 있고, 나라가 존재 하듯이, '개인 창의성'은 '그룹 창의성'과 '비즈니스적 창의성' 등 모든 창의성의 기초가 된다.

더더욱이 왈라스의 4단계 중 부화기를 본다면 창의성의 과정이 무의식에서 일어나는 현상이라는 것과 시간이 필요한 과성이란 사실을 받아들여야 할 것 같다. 이러한 사실을 받아들이면 창의성의 과정 중에 겪는 어려움이 괜한 시간 낭비가 아니라는 위안을 삼을 수 있을 것 같다. 또한 창의성의 정의에서 살펴 보았듯이 창의성을 한 가지 시각으로 바라볼 수 없는 만큼, 창의적인 행동이 나오려면 여러가지의 조건과 요건이 맞아야 한다. 그렇기 때문에 '개인 창의성'의 조건들을 자신이 의식하지 못한 채 실행하는 단계가 된다면 창의성에 대한 고민을 하지 않고, 그냥 좋은 모습으로 받아들이면 될 것이다.

우선, 창의성을 살펴보기 전에 염두에 두어야 할 중요한 사실은 동시다발성이다. 창의적인 산물을 만들어가는 과정을 순서[그림 1]대

[그림 1]

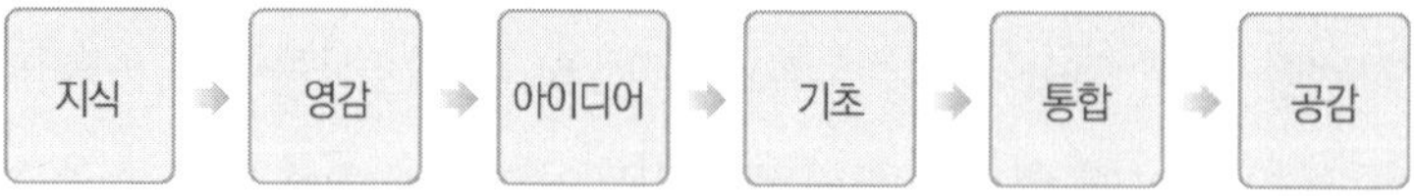

로 행하기 보다 모든 것을 하나[그림 2]로 생각하는 것이 옳다.

창의성에 가까워질수록 한 가지 요건으로는 창의적이 될 수 없다는 것이 명백하다. 개인 레벨의 창의성을 읽어 나갈수록 앞 장에서 논의 되었던 것들과 상반되는 내용들이 눈에 보이는데, 이 모든 점들이 사실적으로 창의적인 산물이 되려면 어렵기는 해도 함께 공존할 때 좋은 결과물이 나올 것이고 그래서 이 모든 조합이 필요하다는 것이 확실하다.

창의성 역시 '창의성'이란 명칭 하에 역사와 이론, 과학, 예술이란 복합적인 역할들로 이루어져 있다. 이렇기 때문에 앞으로 언급되

[그림 2]

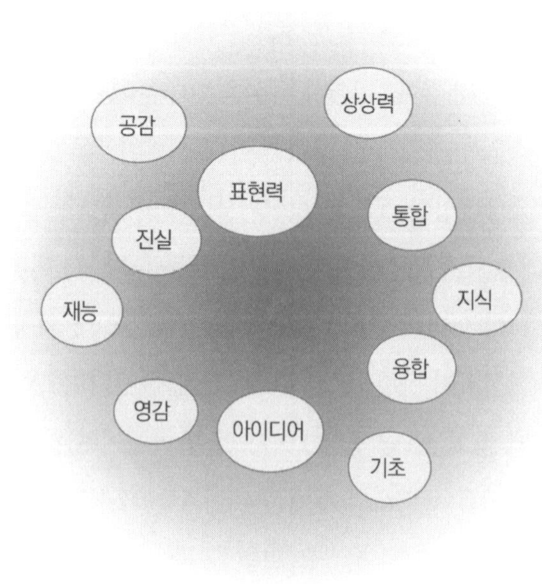

는 많은 창의성의 경로를 하나씩 실천하기 보다는 많은 경로를 한 공간에 담아두어야 진정한 창조를 할 수 있다.

인생을 살아가면서 사람마다 많은 역할을 맡고 있다. 그는 한 사람이기도 하며, 누군가의 인생 동반자이기도 하며, 지도자이기도, 친구이기도 하며, 부모이기도 하며, 누군가에 속해 있는, 혹은 속해 있지 않는, 한 기업의 상사 혹은 부하직원이기도 하다. 그렇기 때문에 하루에도 수 십 번씩 역할을 바꾸면서, 전문성을 띄는 모습과 일상 생활에서의 모습이 다른 것 같이, 창의성 역시 우리에게 매번 다른 모습으로 다가오는 것이 맞을 것이다[그림 3]. 하지만 우리는 사물과 사고에 대한 선입견 때문에 창의성이 어떤 모습으로 다가올 것이라는 생각을 하게 되고, 우리가 예상치 못한 모습으로 다가올 때는 그냥 지나칠 수도 있다. 이런 일을 방지하기 위해서 '창의성 – 개인 레벨'에서는 될 수 있는 만큼 폭 넓은 창의성의 조건들을 살펴보려고

[그림 3]

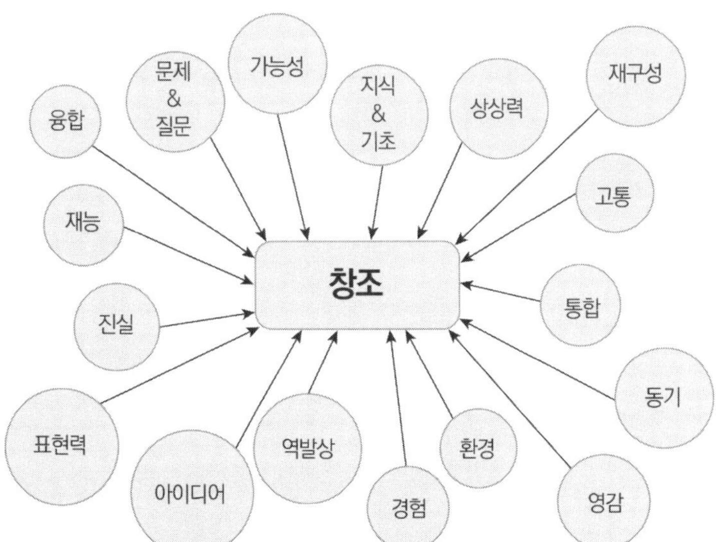

한다. 그리고 이 조건들 중에서도 극과 극인 것 같은 조합으로 창의성을 증폭시킬 수 있다는 것을 볼 수 있다. 예를 들면 상상력과 기술같이 전혀 연관성이 없는 조건들의 융합이 창조에 도움을 줄 수 있을 것이다.

또한, 상상력 속에서 자라나는 창의성과 지식 속에서 자라나는 창의성 모두 한 가지의 아이디어를 만드는데 이바지하는 같은 요건들이다. 이 속성들이 중요한 이유는 불가능한 아이디어를 현실에서 가능하게 만드는 능력이 있는 것들이기 때문이다. 그렇기 때문에 급변하는 세상에서, 인터넷으로 유행이 자주 바뀌고 소셜 미디어로 너무 많은 정보들 속에서도 변하지 않는 불변의 가치를 찾아내며 창의성을 빛나게 할 수 있는 조건들을 소개하겠다.

영감

재발견!
뭘? 영원을.
그건 태양과 섞인 바다.

- 아르투르 랭보Arthur Rimbaud
〈지옥에서 보낸 한철Une saison en enfer〉 中 -

창의성의 역사에서 보았듯이 '영감'은 모든 것의 시초이자 모든 문제를 해결해 주는 중요한 열쇠이다. 아이디어가 떠오르는 순간을 우리는 흔히 '영감'을 받았다고 말한다. 같은 문제를 수 없이 생각하며 풀어보고, 같은 상황을 수 없이 바라보아도 늘 똑같았던 상황들을 재발견하는 조명기가 있기 마련이다. 하지만 이 때 찾아오는 영감을 '운'으로 생각하는 경우가 많다.

영감은 정말 아무런 준비도 없이 그냥 어디에선가 찾아오는 선물 같은 것일까?

영감이란 무의식의 아이디어를 의식이 깨닫게 해주는 존재이다. 이렇기 때문에 미처 생각하지 못했던 영감이라는 씨앗이 무의식 속에서 얼마나 오랜 시간과 과정을 걸쳐 의식적으로 표현되어지는지 아무도 모른다. 그래서 창의성에 대한 연구를 하는 학자들은 무의식의 세계를 대단히 중요하게 여긴다.

창의성의 단계를 4가지로 정리한 왈라스Wallas, 1926의 이론은 준비기 – 부화기 – 조명기 – 검증기로 되어 있다. 우리의 영감이 떠오르는 그 순간이 바로 조명기라 할 수 있는데, 부화기의 기간은 아무도 조절 할 수 없는 것이기 때문에 영감을 기다리는 고통을 줄일 수는 없다. 몰입 경영 연구의 대가인 칙센트미하이Csikzentmihalyi, 1996는 이와 같은 왈라스의 이론을 진화시켰다. 그에 따르면 부화기 때의 아이디어들은 의식이란 수면 위에 떠오르지 못하고 그 아래에서 떠돌아다니는데, 이 때에는 이러한 아이디어들의 새로운 연결이 쉽게 이루어지지 않는다. 인간은 정보를 논리적으로 처리하려고 하는데, 이 때 우리가 굳이 정보를 한 길로 좁혀나가면서 의식적으로 생각을 정리하지 않아도 의도치 않은 조합들이 생겨날 수 있는 것이라고 하였다.

아이디어가 부화기에 있을 때, 환경과 경험은 지식과 여러 조합들에 의해 큰 영향을 미친다. 이러한 까닭에 한 아이디어가 필요할 때 꼭 그 생각으로 24시간을 보낼 필요는 없다. 뇌는 생각을 멈추고 있어도 문제를 인지하고 있기 때문에 아이디어가 무의식 속에서 번식 할 수 있는 시간이 필요하다.

대신 내가 하지 않았던 새로운 경험이나 지식을 쌓으며 아이디어에게 줄 수 있는 환경을 넓히는 것은 좋은 방향인 것 같다. 결국 영감이란 자신이 지니고 있는 한계 안에서 나오는 것이기 때문이다.

창의성을 추상적으로 받아들이는 이유 중에 하나가 이러한 생각이 어디에서 오는지 알 수 있는 방법이 없기 때문이다. '영감'이란 단어 조차 두 손으로 만질 수 있는 유형의 물질이 아니기 때문에 추상적일 수 있다. 그렇지만 영감의 순간을 한 번, 두 번, 세 번, 그리고 여러 번 겪으면 영감이 떠오를 수 있게 만드는 시스템적인 생활 습관이 만들어지기도 한다.

창의적 사고에 대한 현대 심리학적 연구는 프랑스 심리학자인 푸앵카레Poincare와 함께 시작되었다고 해도 과언이 아니다. 평소 함수의 존재에 관심이 있었던 푸앵카레는 그와 반대되는 것을 증명하려고 나섰고, 그 결과, 그의 업적은 프랑스 과학아카데미에 의해 유례없는 방식으로 인정받았다. 밀러Miller, 1996에 따르면 푸앵카레가 한 연구는 평소 수학자들이 사용한 전통적인 방법이 아니었던 관계로 많은 고생이 뒤따랐다. 그는 규칙적으로 매일 두 차례, 오전 10시에서 12시까지와 오후 7시부터 9시까지 수학을 연구했다. 그러던 어느 날 밤, 푸앵카레는 문제를 풀지 못해 블랙커피를 마시고 잠이 들지 못했는데, 다음 날 아침 그는 이상한 경험을 했고, 이를 이렇게 설명하였다. 그의 머릿 속에 여러 아이디어가 한꺼번에 생겨났는데, 한 가지의 아이디어를 한 번에 사용한 것이 아니라, 여러 아이디어들을 한 번에 사용하였다고 한다. 그런데 신기한 것은 여러 아이디어들의 조합이 올바르고 좋게 나올 때까지 서로의 충돌이 느껴졌다고 한다. 이러한 경험을 한 다음 날, 푸크스 함수의 일종이 갑자기 입증되었다고 한다. 그리고 푸앵카레가 한 일은 그냥 단순하게 결과를 쓰는 일이었기 때문에 두 세 시간 안에 이 결과를 다 쓸 수 있었다, 라고 하였다.

이렇듯 어느 날 갑자기 무의식에서 현실로 옮겨오는 확고한 결정체를 영감이 떠올랐다고 표현할 수 있다. 단지 영감이란 기다려도

오지 않는 것 같고, 혹은 기다리지 않을 때 불쑥 찾아 오기 때문에 이것이 올바른 영감이라고 알아보는 것이 핵심 포인트가 될 수 있다. 또한 영감이 왔다는 것은 영감을 필요로 한 문제 혹은 아이디어의 깊은 이해도가 생겼다는 뜻이다. 사람이란, 급하면 문제의 본질을 보지 못하고 겉도는 식의 문제 해결을 하게 되는데, 번뜩이는 아이디어가 생겼다는 것은 바로 그 문제의 핵심을 심도 깊게 제대로 바라보았다는 뜻이 된다. 이 말은 곧 사막에서 우물을 파려면 정확하게 물이 나올 수 있는 급소를 찾는 것이 필요한 것과 비슷한 맥락이다. 이러한 이유로 다양하게 여러 환경 속에서 발전하는 영감은 시간을 절대적으로 필요로하게 된다. 수없이 많은 사람들이 뒤엉켜 사는 사회 속에서 창의성을 발휘하기 힘든 이유가 바로 영감을 위해 투자할 수 있는 시간이 상대적으로 부족하기 때문이다. 가장 중요한 것은 자신이 어떤 행동, 혹은 어떨 때에 영감이 떠오는지를 점검해 보고, 필요할 때 그런 환경을 만들어주어 영감의 과정을 단축시키는 것이 중요하다. 영감을 기다리는 것은 막연하게 느껴지지만 중요한 것은 내가 영감을 기다리는 것이 아니라, 내가 직접 영감을 찾는 적극적인 자세가 필요하다는 것이다.

아이디어

우리의 인생은 여행이고, 아이디어는 이 여행의 가이드같은 존재이다.
그래서 가이드가 없으면 모든 것들이 중지 된다.

- 빅토르 위고Victor Marie Hugo 소설가 -

세상을 바꾸는 모든 것들은 혁신이란 명칭 하에 시작된다. 혁신은 새로운 것을 만들어 낸다는 뜻인데, 혁신의 시작은 바로 순간적인, 아주 작은 아이디어에서 시작된다. 아이디어를 현실화 시키는데 까지는 시간과 노력, 용기와 경험, 환경 등 여러 요소들이 필요하다. 하지만 가장 중요한 점은 아이디어의 시초는 바로 뇌 속의 작은 씨앗이라는 것이다. 고대 이집트의 피라미드나 잉카 문명의 마추픽추Machu Picchu 등, 아직까지 풀지 못하는 비밀을 지니고 있는 건축물의 결과만 보면 감히 상상도 할 수 없는 규모와 역사를 자랑하고 있다. 하지만 이 모든 것들의 시작은 한 사람의 머리에서 생겨난 작은 아이디어였을 것이다. 그러나 시간이 흐르면서 작은 씨앗이었던 아이디어가 거대해져 지구상 그 어느 누구도 흉내내지 못하는 결과물이 되었다.

유니콘 기업들이 바로 이러한 작은 아이디어로 승부를 본 사례들이라고 감히 말할 수 있겠다. 아무도 생각하지 못했지만, 세상에 나왔을 때 모두가 공감할 수 있는 그런 창의적인 결과인 것이다. 유니콘 기업들의 여러 특징 중에 하나가 자본이 많이 없는 젊은 사람들의 아이디어로 시작했다는 점이다. 그리고 이러한 작은 아이디어가 많은 과정을 거치고, 수많은 폭풍 속에도 끈기있게 살아 남으면서 아무도 감히 범접할 수 없는 크기로 자라고 있는 것을 발견할 수 있다. 이것은 창의성의 역사에서 언급하였던 스턴버그와 루바트Sternberg & Lubart, 1996가 경제 원리에서 설명한 창의성의 투자이론을 가장 잘 설명해주는 예시라고 할 수도 있겠다. 초기에는 아무런 가치가 없어보이는 아이디어가 1조 이상의 가치를 가질 수 있을 것이라는 미래를 예측하는 사람은 별로 없을 것이다. 결국 자신의 아이디어에 대한 믿음도 창의성에 중요한 역할을 하는 것임이 확실하다. 영감을 통해 떠오른 아이디어가 사람들에게 인정을 받기까지는 최소한 10년 이상이 걸린다. 물론 그렇지 않고 단기간에 승부를 보는 아이디어들도 있지만, 여기서는 장기간 동안 자라 온 아이디어에 대해서 논하려고 한다. 요컨대 가장 중요한 것은 여러 장애물 때문에 아이디어가 사그라들지 않게 하는 것이다. 아이디어의 첫 발상은 항상 현실성이 없어 보이기 때문에 사람들에게 인정 받기도 힘들다. 그리고 실무적인 문제들에 의해 아이디어 발견자의 고집이 아니면 그냥 한 '아이디어'로, 그리고 잠깐 뭔가 있었던 거품 쯤으로 남을 수 밖에 없다.

스마트폰과 태블릿 PC가 출시 되기 전에는 화면을 터치하면 기계가 인식할 수 있는, 일반적으로 컴퓨터가 가지고 있는 커다란 본체

없는 손바닥만한 사이즈의 컴퓨터에 대해 많은 사람들은 한 번 쯤은 상상해 보았을 것이다. 그러나 이를 대중화시킨 사람은 역사에 자신의 이름을 남겼다. 스티브 잡스가 2000년 대에는 천재적인 경영인이라는 칭송을 받았지만 1980년 대에 만 해도 그가 출시한 작품들은 대중적인 인기를 얻지 못하였고, 90년대는 마이크로소프트Microsoft에 밀려 이렇다 할 방안을 찾지 못했다. 그러나 아이팟iPod으로 시작된 2000년대 애플의 전성기를 아무도 막지 못했다. 30년에 걸쳐 만들어낸 전성기인 만큼 파장도 어마어마한 것이었다.

아무 것도 아닌 것 같은 아이디어가 어느 날 한 순간 세상을 바꾸게 하려면 적어도 10년의 세월을 기다려야 하는 법칙이 있다. 기술개발 역시 아이디어가 실현되는 큰 부분을 차지하기 때문에 아이디어는 좋지만 뒷받침해 줄 기술이 없다면 그 기술이 현실화 될 때까지 기다려야 하는 시간적 부담이 필요하리라. 바로 영화 〈스타워즈Star Wars〉와 〈아바타Avata〉의 경우이다. 〈아바타〉는 영화 산업의 신 매출기록을 달성하며 개봉 당시에 이 영화를 관람하지 않은 사람이 지구에 없었던 듯 하다. 그만큼 전세계 거의 모든 사람이 〈아바타〉를 봤다는 것이다. 2억 3700달러의 제작비로 18억 5900만 달러를 벌어드린 〈아바타〉는 문화 콘텐츠 산업이 이익을 창출 할 수 있다는 사실을 확실하게 증명하는 계기가 되었다. 4년의 제작 기간을 걸쳐 12년만에 선보인 영화의 시작은 1977년, 제임스 카메론James Cameron 감독이 트럭 운전수로 일할 때였는데 그 때 그는 〈스타워즈Star Wars〉를 관람했다고 한다. 결국 카메론 감독은 〈아바타〉에 대한 영감을 떠올린 지 33년 만에 온 세계가 그의 아이디어를 감상한 것이었다. 그렇다면 카메론 감독이 영감을 얻은 〈스타워즈〉는 어땠을까? 6개 에피소드로 이루어진 시리즈 영화는 1977년 첫 작품으로 에피소드 4 - 〈새로운 희망Star Wars: Episode IV - A New Hope〉을 선보였으며, 〈스타워즈〉의 대장정은 2005년에 마지막을 맞았고, 루카스 감독의 상상 속에서만 존재하던 스타워즈의 이미지는 28년 만에 완성되었다.

이렇듯 아이디어에서 역사를 뒤바꾼 결과를 만들기까지 10년이 훌쩍 넘은 세월이 소요되었다는 이야기들은 우리가 알고 있는 기업, 성공한 사람들, 역사를 새로 쓴 사례 등, 혁신들 하나하나에서 모두 찾아볼 수 있다.

이러한 사실들로 볼 때 아이디어가 떠오르면 그 아이디어를 지키는 용기가 필요하다. 아이디어를 만들어 내는데 많은 비용은 필요하지 않을 수도 있다. 애플 Apple은 늘 마이크로소프트Microsoft나 구글Google보다 R&D 투자에 소극적이어서 애플이 시가총액 1위였을 때도 R&D 투자로는 1위가 아니었다. 그렇기 때문에 잡스의 아이디어가 R&D보다 더 많은 가치가 있다는 것을 증명해 줄 수 있을 것 같다. 다만 애플은 2003년 이후, 가장 큰 R&D 투자를 2019년에 하였다. 아마도 2018년보다 2019년도에 떨어진 매출이 R&D 투자를 늘리는 이유 중 하나가 되었을 것이다.

좋은 아이디어는 투자를 받을 가치가 있지만, 잘못된 아이디어는 모든 투자를 망하게 하기 때문에 과정이 중요한 점도 있지만 결과는 시작에서 부터 이미 어느 정도 예측된 것이라고 봐도 될 거 같다.

무엇이 새로운 것일까. 그리고 왜 새로운 아이디어는 성공을 할 수 있는 것일까. 이것은 아마도 시대가 무엇을 원하는지에 대한 질문일 수도 있겠다. 그리고 구매력이 강한 세대의 가치관에 따라 아이디어도 점점 새로워지는 것이다.

다른 아이디어적 창의성에 대해 예를 들자면 에어비앤비Air BnB가 있다. 예전에는 여행을 다닐 때 꼭 호텔같은 숙박업소에만 묵었어야 했다면, 공유의 원리로 에어비앤비가 탄생하면서 숙박 업계는 혼돈을 겪게 되었다. 이것은 숙박 시설을 위해 꼭 건물을 보유하고 있어야 한다는 기존의 생각을 완전히 탈바꿈하면서 유형 자산과 무형 자산에 대한 인식을 바꾸는 계기가 되었다.

아이디어는 굉장히 심플하지만 가장 근본적인 질문을 담고 있다. 그리고 이러한 근본적인 질문을 담고 있는 아이디어가 기초가 되어야 발전을 할 수 있는 것이다. 본질적이지 않은 질문은 장식 같은 것이기 때문에 기둥이 될 수가 없다. 여기서 말하는 근본과 본질은 인간의 감정에 호소할 수 있거나, 삶의 핵심 포인트가 될 수 있는 것들을 뜻한다.

모든 사람들은 다 다르다. 하지만 인간이라면 느낄 수 있는 비슷한 감정과 공감대가 있다. 그리고 이러한 공감대를 형성할 수 있는 아이디어라면 대중적으로 성공할 가능성이 훨씬 커진다.

물론 한 아이디어가 떠오르기까지는 시간이 필요하다. 어떠한 면에서는 아이디어가 떠오르는 순간이 영감이 떠오르는 순간과 같은 것이다. 아이디어가 머리 속에서 번뜩이고 난 후가 더 고독하고 어려운 싸움으로 말려 들어가는 순간이다. 그러나 아이디어의 씨앗을 끝까지 지킨다면 분명 당신은 역사에 이름을 남길 수 있는 업적을 쌓을 것이다.

재능과 천재

재능은 신이 주시는 것이지만
인간의 손이 따르지 않으면 무용지물이다.
- 안토니오 스트라디바리Antonio Stradivari 바이올린 제작자 -

세계를 바꾸는 아이디어는 위대한 천재의 산물이라고 생각하는 사회적 통념이 있다. 그들의 재능이 남다른 것은 사실이다. 그러나, 역사에 이름을 남기기 위해서는 재능만 가지고 '천재'라는 수식어를 붙일 수가 없다.

앨버트와 룬코Albert & Runco는 18세기 후기에 있었던 창의성을 성립하고 개념을 정리하였다. 그것은 천재성이란 능력은 초자연적인 것과는 따로 분리되어 있다는 점이고, 인간 개개인에게 천재성이 내재되어 있다는 것이다. 또한 재능과 천재성은 서로 확연히 다른 것으로 구분이 되며, 천재성이란 환경에 따라 발휘할 수 있는 능력이 많이 다르기 때문에 외부 환경에 의존하게 되어 있다고 했다. 아무리 뛰어난 재능을 가지고 태어나도 시대나 지역에 따라서 천재성이 발휘될 수도 있고 아닐 수도 있다. 그러므로 우리가 알지 못하는 천재가 지금 어딘가에서 고군분투하며 일상생활을 할 수도 있다는 것이다.

천재는 천재로 태어난다.

인간은 본래 천재성을 지니고 태어나지만 환경에 따라 천재성이 나타나기도 하고 그냥 소멸되어 버릴 수도 있다는 뜻이다.

이는 일반인들은 창의적이지 않다, 천재 만이 창조를 할 수 있다, 라는 사회적 고정 관념에서 탈피하게 해주는 대목이다.

분명 천재는 있지만, 일반적으로 생각하는 '천재'는 아니다. 통상적으로 생각하고 통상적으로 말하는 천재는 천재로 태어나서 노력하지 않아도 번뜩이는 업적을 남긴다고 알고 있다. 그러나 우리가 천재라고 부르는 사람들은 모두 공통적으로 하는 말이 있다. "나는 천재가 아니다. 나는 노력할 뿐이다"

에릭슨Ericsson, 1994은 음악가, 스포츠인 같은 전문가에게는 10,000 시간의 법칙이 있다고 했다. 자신이 일하는 분야에 10,000 시간을 투자하면 성공할 수 있다는 논리다. 시간을 투자한 만큼 전문적이고 창의적인 인재가 된다는 뜻인데, 천재들을 살펴보면 공통점이 있다. 이는 일반인은 10,000 시간을 몇 십 년 동안 투자한다는 것이고, 천재들은 이 시간을 대부분 청소년 시기 때 벌써 다 소진한다는 점이다. 예를 들면 악기를 연주하는 연주자들은 어린 나이부터 하루에 4시간을, 많게는 8시간에서 10시간을 연습에 투자한다. 그렇게 되면 평균 5시간을 연습했다고 가정했을 때, 7년 정도에 벌써 10,000 시간을 악기와 함께 보낸 것이다. 이런 맥락에서 천재 중 천재라고 불리는 볼프강 아마데우스 모차르트W.A.Mozart는 6세에 이미 작곡을 시작한 신동이었다. 곡을 한 번 만 들으면 악보로 그려낼 수 있으며 즉흥 연주 및 작곡에 천재라고 알고 있다. 하지만 그의 인생을 자세히 살펴보면 그가 얼마나 많은 노력을 했는가를 알 수 있다. 모차르트는 3살에 피아노를 시작했고, 아버지에 의해 피눈물 나는 혹독한 연습을 했고, 5-6세에 시작한 연주 생활로 자신이 원하든 원치 않았든 하루 종일 음악과 살 수 밖에 없었던 삶이었다. 나이가 들면서 귀족들에게 곡을 의뢰 받았고, 이로 생계를 유지했으니, 어렸을 때 부터 보통의 사람들이 상상할 수 없을 정도로 끊임없는 노력을 했고 그 결과로 작곡을 하고, 새로운 형태의 곡을 만들어 내면서 당시에 혁신적인 작곡가 겸 연주자로 널리 이름을 떨쳤다. 추측한 바로는 모차르트 같은 훈련을 받았을 경우 15세가 되기도 전에 10,000 시간을 다 사용했을 것이다. 모차르트 같은 재능이 있다 한들 3살 때부터 노력하지 않았다면 우리가 알고 있는 모차르트가 나왔을까? 분명히 천재성이 있어도 이 능력을 발전시키지 않으면 천재라 불릴 수가 없는 것이다.

재능은 분명 모든 인간 속에 내재되어 있다. 하지만 '재능이 모두 천재로 연결되지는 않는다'라는 사실을 알아야 한다.

재능을 지닌 사람과 천재는 차이가 있다.

재능을 지닌 사람은 분명 자신의 분야에서 최고에 오른다. 하지만 천재는 창조를 하고 만약 이미 창조된 틀이 있다면 혁신을 한다. 재능을 지닌 사람은 산업 내에 정해진 룰에서 자신을 드러내지만 천재는 산업 내에 새로운 법을 창조해 내고, 자신이 선두 두자로 역사에 남는다. 사회적으로는 재능을 지닌 사람이 더 빨리 인정을 받을 수 있지만, 천재는 시간이 흐르면서 변하지 않는 가치로 인정받게 된다.

분명 노력 없이는 재능이 천재성으로 발전할 수 없지만, 재능 없이 노력을 해도 창의력에는 한계가 있다.

사람마다 창의성을 발휘하는 분야는 다르다. 그렇기 때문에 인간은 자신의 재능을 발견하고, 그 재능을 창의성으로 연결해서 여러 다양한 삶을 살아야 하고, 그래야만 행복한 삶을 누릴 수 있는 것이다.

우리에게 천재로 보이는 사람들에게는 매우 비슷한 공통점이 있다. 첫째, 자신은 천재가 아니라 노력할 뿐이라고 말하며, 둘째로는 자신의 분야에 획을 그었음에도 불구하고 자기는 그냥 즐겁게 일했을 뿐이라고 말하는 점이다.

재능이 있는 사람은 현실적으로 적응을 잘 하는 편이다. 그래서 시대 흐름에 어긋나는 일을 하지 않는다. 반면 천재는 현실을 생각하지 않고 세상의 질타를 맞으며 자신의 아이디어를 지키며 이어가고자 한다.

이러한 복합적인 현실 때문에 재능이 있는 사람으로 남을지, 아니면 천재로 우뚝 서고 싶은지는 자신만이 알고 결정해야 하는 것처럼 보인다.

기초와 기술

품질이란,
아무도 보지 않을 때도 옳은 일을 하는 것이다.
- 헨리 포드Henry Ford 헨리 모터 컴퍼니 설립자-

기초(基礎)는 아무에게도 보이지 않는다. 그렇기 때문에 기초에 시간과 자원을 투자하는 것이 굉장히 아깝게 느껴질 수도 있다. 건물을 볼 때, 우리의 눈에는 건물의 아름다움이나 특별함이 보이는 것이지 건물의 기초인 기둥들이 보이는 것이 아니다. 이러한 현상은 피아노 연주를 할 때도 나타난다. 기초를 닦을 때, 가장 지루하고 성과가 보이지 않기 때문에 어두운 터널에 있는 기분이다. 게다가 이 터널에서 언제 나갈지 모르는 막막한 느낌이 든다. 그럼에도 불구하고 피아노 연주를 하며 가장 많이 느끼는 것은, 음악적인 표현을 하려면 테크닉의 한계가 없어야 한다는 점이다. 그렇지만 참으로 아이러니한 것은 아무리 좋은 테크닉도 청중에겐 그냥 '음악'으로 들릴 뿐이라는 것이다.

창의성 역시 아무런 기초와 기술이 없이 존재한다고 보여지지만 대체로 창의적인 물건일수록 신기술을 많이 사용하게 된다. 이렇기 때문에 모든 기업과 국가들이 R&D 투자에 많은 관심을 보일 수 밖에 없는 것이다.

혁신이란 상상을 현실화 했을 때 자연스럽게 일어나는 현상이다. 혁신을 하기 위해 노력하는 것보다 상상력을 현실에서 활용하는 것이 혁신에 더 가까이 다가가는 방법이다. 문제는 기술의 발전 속도인데, 아이디어에서 예시했던 영화 〈스타워즈〉가 바로 이 문제를 가진 영화였다. 조지 루카스George Lucas 감독이 〈스타워즈〉 6편의 에피소드를 순서대로 영화화 하지 못하고 에피소드 4부터 개봉한 것은 기술의 문제였다. 1977년 루카스 감독은 SF영화를 새로운 지평선에 올려 놓았지만 에피소드 1 - 〈보이지 않는 위험Star Wars: Episode I - The Phantom Menace〉을 만들 때 장면을 표현할 SF 기술이 부족한 탓에 에피소드 4 - 〈새로운 희망〉을 스타워즈 시리즈 중 첫 작품으로 선보이면서 스타워즈의 에피소드는 4-5-6-1-2-3 순서로 세상에 나오게 되었다.

'창의성' 이란 단어를 들으면 '혁신', '새로움', '파격' 등의 단어를 떠올리게 되며, 상상력만 있으면 기초도 기술도 없이 모든 일이 이루어진다고 생각하게 된다. 이는 상상력이 창의성에 가장 큰 영향력을 지니고 있기 때문일 수도 있다. 그러나 상상력을 통해 '창의성'이 발견되었을 때 현실화를 위해서 가장 필요한 것이 바로 기술과 기초가 아닌가 싶다.

IT가 발전하고 시대의 속도가 빨라지면서 우리는 특히 창의성이 필요로 한다고 생각하게 되었는데, IT개발 속도에 테크놀로지 발전 속도가 따라가기 힘들기 때문이 아닐까 한다.

최근에 딥러닝에 대한 관심으로 많은 전문가를 필요로 하는데, 전문가란 이 분야의 기본기를 가지고 있어야만 한다. 그리고 기초가 없다면 아무리 좋은 기능의 컴퓨터의 프로그램이 있다 해도 아무런 의미가 없을 것이다. 아마도 이러한 비유는 모든 분야에서 다 똑같이 적용 되리라 본다. 기술과 건축 분야 역시 상상력 만을 위해 비주얼적인 아름다움만 추구한다면, 기초가 없이 부실공사를 했다면 비참한 결과를 초래하는 것이야말로 당연한 것이다. 이것처럼 음악과 미술, 그리고 어디서건 발생하는 문제의 근원(경영, 정치 등 여러 분야에서)에 관한 기초지식이 없다면, 문제가 해결 되지 않을 뿐 더러 오히려 역효과를 만들어내는 것이 된다.

한 나라의 정치에서는 물론 말할 것도 없지만, 이에 못지 않게 중요한 국제 외교에도 뛰어난 전략을 필요로 한다는 것은 그만큼 인간의 모든 관계에서도 고도의 테크닉이 필요하다는 것이다. 이렇게 치밀한 고도의 테크닉으로 나라들이 유지되고 개인들의 삶도 유지되고 있는 것이다.

초현실주의 미술의 권위자인 화가 살바도르 달리Salvador Dalí의 그림들을 언뜻 보기에는 그가 뛰어난 천재이기에 그냥 머리에 떠오르는 이미지를 화판에 옮겼다고 보여지지만, 사실, 달리는 당대에 가장 훌륭한 테크닉을 어린 나이에 마스터한 화가였다.

뛰어난 테크닉을 지닌 자만이 창의적인 것을 창조한다. 아니면, 뛰어난 테크닉을 지닌 자와 함께 협력하면 많은 문제가 해결된다. 이 부분은 창의성-그룹 레벨에서 더 깊이 논의할 것이다.

2012년부터 2018년까지 시가총액 1위를 차지한 애플의 사례는 이미 너무 유명하다. 그럼에도 불구하고 애플은 탄탄한 기술력으로 예술성을 더욱 돋보이게 만드는 회사임이 틀림없다. 스티브 잡스의 인문학과 기술의 교차로에서 찾은 아이디어 원동력 대목을 눈여겨보면 가장 아름다운 예술을 만들어 내는 사람일수록, 그리고 완성도의 중요성을 더 필요로 하는 사람일수록 기술을 무시하지 못한다는 점이다. 애플 외에도 시가총액 10위 안에 있는 회사들을 보면 이제는 제조업이나 투자 회사보다 컴퓨터나 휴대폰 등 인터넷과 연관된 회사들이 더 큰 가치를 가지고 있는 것이 보인다. 이것이 지난 10년 동안 일어난 큰 변동이다. 또한 인공지능의 발전으로 현대 사회에서는 기술이란 없어서는 안 되는 공기와 같은 존재가 되어 가고 있다.

전 세계 어린이 뿐 아니라 어른의 동심까지 사로잡고 있는 디즈니Disney 역시 엔지니어야말로 창의성의 원천이라고 철저하게 믿는 사업체다. 상상을 보이는 이미지로 만드는 과정에서 기술력이 그 만큼 중요하기 때문이다.

대부분의 일반 사람들이 생각하기에 기술자들은 엔지니어라고 지나치지만 사실 기술자들에게는 세밀하고 섬세한 창의성이 요구된다. 기술이 발전되어 갈수록 거기에 부합 되는 창의성이 필요하기 때문이다. 이것은 과학자들도 마찬가지일 것이다. 특히 과학자들의 실수는 아무리 작은 것이어도 큰 사고로 이어질 수 있기 때문에 특별히 더 섬세한 작업을 하는 분야가 아닐까 싶다. 과학자들이나 기술자들 외 예술가들에게도 기초와 기술이 필요하다. 작품을 구상하는 과정에서 절대적으로 필요한 것은 바로 명작들을 만들어 내는 불변의 법칙인데, 기초를 배우는 과정이 없이는 표현 할 수 있는 감정들이 훨씬 줄어들기 때문에 기본에 늘 충실해야한다는 것이다.

창의성에서 가장 많이 언급하는 직업이 '예술'인데, 예술이야 말로 기초와 테크닉이 없이는 성공 할 수 없는 분야이다.

연주자들은 음악적인 연주로 궁극적인 승부를 한다. 유명하고 널리 알려진 연주자일수록 아무도 범접할 수 없는 테크닉으로 명성을 떨친다. 하지만 대중은 그들이 전혀 알아 차릴 수 없는 고통의 시간을 가지고 연마한 테크닉을 완성하는데 창의성이 빠질 수 없었다고 이야기 하면 이해할 수 있을까.

창의성과 예술의 관계도 애매모호한 경계를 지니고 있다, 라는 생각이 든다.

이런 관점에서 볼 때, 우리가 말하는 '노하우'가 진정한 테크닉의 고수일지도 모른다. 다만 창의성이란 테크닉을 예술로 승화했을 때 연주자의 훌륭한 연주 속에서 빛나는 것이다.

그럼 여기서 뜻하는 기초와 기술은 무엇일까.

우리가 컴퓨터와 스마트폰을 쓴다고 과학에 대한 깊은 지식이 있는 것은 아닌 것처럼, 우리에게 필요한 기술은 자기가 전문적으로 하는 일에 대한 기술이다. 모든 인간 관계에서도 기술이 필요한 것처럼, 우리가 지금 하고 있는 일에는 분명 이론이 있고, 그 이론을 바탕으로 해서 만들어진 상황들이 있다. 그것이 연구 개발에 관계된 것일 수도 있고, 계약에 관한 것 일수도 있고, 하물며 소소한 일상에 관한 것일 수도 있다.

창의성을 발휘하기 위해서는 예술과 과학이 다 필요하다는 가정하에 자기 분야의 기초 지식이 충분할 때 상상력을 발휘할 수 있으며 창의적 산물이 될 수 있을 것이다.

지식

어떤 창의적 아이디어든 항상 선례가 있다.
그것이 때때로 느닷없이 튀어나온 아이디어처럼 보이는 이유는
우리 관찰자들이 그 새로운 아이디어를 생산한
개인의 지식 기반에 무지하기 때문이다.
- 로버트 W. 와이스버그Robert W. Weisberg 탬플대 교수 -

창의성에 지식이 왜 필요한 것인가. 지식이 오히려 창의성을 방해하는 것은 아닐까, 라는 의문이 들기도 하는 것이 사실이다. 언제나 물이 고여있는 것 같이 틀에 박혀 있는 생각이나 상식에서는 신선한 아이디어가 나올 수 없지 않을까?

현대 사회는 한 가지 전문 지식을 가진 뛰어난 인재를 찾기 보다는 전문 지식과 해박함, 항상 주위를 살피며 뛰어난 호기심을 함께 가지고 있는 인재를 찾는다. 물론 가장 중요한 지식도 필요하지만, 요즈음 괄목할 만한 사실로는 통합과 융합, 창의성에 밀린 지식은 고지식하고 시대 감각이 떨어진 학구적인 사람으로 본다는 것이다. 아무리 지식을 둘러싸고 있는 것들을 중요시 한다 해도 창의성을 알아

보는 데에는 '지식'만큼 유용한 것이 없다. 그래서 바로 지식이 모든 감각들을 키우는데 큰 도움이 되는 것이다.

문화가 다른 서양 문화와 동양 문화는 서로의 문화를 보면서 창의적이라고 놀라곤 한다. 유럽, 특히 미국 할리우드에서 얼마 전부터 선풍적인 인기를 누리는 것은 한문으로 문신을 새기는 것이었다. 동양인이라면 거의 다 알아 볼 수 있는 한문 즉, 한자를 몸에 새긴 뒤, 그것이 너무 아름답고 신기하다고 말하는 것이었다. 또한, 예술가들은 고대로부터 해왔던 작업들을 그냥 하고 있을 뿐인데, 심리학자들에게 아주 유용한 창의성 연구 대상이 되었다. 왜 그럴까?

예술가가 아니어도 창의적인 사람들은 정말 많다. 사실 주변에서 진정한 예술가를 찾아보기가 비교적 힘들기 때문에 그 일이 더 신비스럽게 보이는 것이 아닐까. 심리학자들의 의도는 그들 만의 연구 대상이 있을 것이므로 다음으로 넘어가기로 하자.

현재 할리우드에서 만드는 영화, 코미디, 드라마의 많은 소재와 콘셉트의 기초는 셰익스피어의 연극이다. 셰익스피어Shakespeare의 작품은 문학의 기초이자 가장 어려운 작품들이다. 그래서, 셰익스피어 때문에 새로운 공식이 나오기가 힘들다고 투덜대는 사람들도 존재한다. 어떻게 보면 이러한 천재를 뛰어넘을 수 없기 때문에 자괴감에 빠지는 것이다. 이러한 사람들은 셰익스피어가 태어난 것이 꼭 문학의 행운이라고 말할 수는 없다고 한다. 하지만 사실상 셰익스피어 같은 작가 덕분에 문학의 기둥이 생기고, 시대 별로 문학을 발전시킬 수 있는 좋은 예시가 아닐까 싶다. 문학과 음악은 인간의 욕구를 충족시키지 못하는 것들을 언어, 음으로 대변해주는 일을 하는데, 세상이 바뀌면서 표현의 방법만 달라졌을 뿐 인간의 내면은 많이 달라지지 않았다는 것을 보여주고 있다. 그리고 이러한 사실들을 표면적인 이미지로 표현하는 산업이 바로 엔터테인먼트가 아닐까 싶다.

21세기 '드라마'를 생각하면 연관되는 단어는 '막장'이다. 하지만 과연 '막장' 드라마가 21세기의 산물일까, 라는 생각을 해 보게 된다. 그러나 더 위로 거슬려 올라가 생각해 보면 19세기 말과 20세기 초 톨스토이Tolstoy 작품인 〈안나 카레니나Anna Karenina〉의 내용을 보면 현대 막장을 떠올리게 된다. 또한 19세기 초, 스탕달Stendhal의 작품인 〈적과 흑Le Rouge et le Noir〉의 내용도 정치와 당시 사회에 대한 폭로들도 많지만, 전개되는 내용은 막장에 가까운 내용들이다. 게다가 위에 언급되었던 셰익스피어의 대표작중 하나인 〈로미오와 줄리엣 Romeo and Juliet〉는 아마 현재에도 방송심위를 거치기 어려운 설정이 아닌가, 하는 의심이 들 때가 있다. 〈로미오와 줄리엣〉의 나이는 불과 20살이 되지 않았고, 말하자면 성인이 되지 않은 (줄리엣이 14살, 로미오의 나이는 명시 되어 있지 않으나, 줄리엣보다 2살에서 6살 정도 많았을 거라는 추측이다), 청소년의 사랑이 오히려 더 불꽃같은 명작을 남기게 되었다. 다만 차이가 있다면, 20세기 초까지의 작품 속에는 '막장'인 내용과 함께, 그 시대를 반영하는 사회적 배경과 이슈, 그리고 메시지나 교훈들이 담겨 있지만, 현대에서는 교훈보다는 자극적이고 재미 위주로 작품을 만든다는 것이 차이라면 차이점인 것 같다.

이 모든 문학의 가장 큰 밑거름은 바로 〈그리스 로마 신화Greek and Roman Mythology〉이다. 서양 작가들이 꼽은 가장 훌륭한 작품 중에는 세르반테스Cervantes의 〈돈키호테Don Quijote de La Mancha〉가 포함되어 있는데, 셰익스피어, 세르반테스 모두 〈그리스 로마 신화〉를 기초로 작품활동을 하였다. 이렇게 어느 분야든 시대 흐름과 역사를 알게 되면 새롭다고 느끼기 보다는 '표현의 방법이 틀리구나' 라는 것을 새삼 깨닫게 된다.

중세 시대의 아이디어를 현대 시대에 다시 활용한다면 오히려 창의적으로 보일 가능성도 높다. 1999년부터 2005년까지 휴렛 패커드의 최고 경영자이었던 칼리 피오리나Carly Fiorina의 개인적인 경험에서 그녀는 '중세에서 르네상스 시대로 넘어가는 이행과정에 대한 호기심이 디지털 시대 도래를 이해하는데 딱 들어맞았다' 라고 말했다.

그리고 이 시대에 있어서 창의성만큼이나 중요하게 다루는 것이 융합이다. 이 융합을 위해서는 지적 호기심이 필수불가분의 관계이다. 융합이란 어떤 일에 있어서 정곡으로 전문성을 가진 분야들을 보았을 때 더욱더 큰 시너지 효과가 일어나기 때문이다. 예를 들자면, 엉성한 퓨전음악은 오히려 클래식 음악도, 현대음악도 아닌, 정체불명의 음악으로 탄생되어 듣는 이로 하여금 유쾌함을 동반하지 않는다. 그래서 오히려 정식으로 진중하고 진실한 클래식보다 창의적이게 않게 보일 수 밖에 없다. 이럴 때는 융합이라는 의미가 퇴색되어 버린다. 차라리, 본래 클래식 음악이 가졌던 시대와 현대의 사회상을 잘 융합하여 연주되는 곡에 자신 만의 지식을 창의성에 의존하여 플러스 시키는 것이 좋은 예가 될 것이다. 이것은 많은 지식들을 올바르게 사용하는 것이 훨씬 더 중요하다는 점을 이야기 하고 싶다.

선입견

창조하는 모든 행위는
파괴적인 행위로부터 시작된다.

- 파블로 피카소Pablo Picasso 화가 -

어떻게 보면 우리는 창의성에 도움이 되는 요건 만을 찾아다닌다. 그럼에도 불구하고, 이상하게도 창의성에 가장 방해되는 것에 대한 것의 선입견은 가지지 않는다.

창의적인 사람들을 보면 사회에서 질타 받는 경우가 없지 않다. 사회라는 곳은 항시 결과만 중요하고 결과가 나오기까지의 과정에는 인색하기 때문이다. 창의적인 산물을 만들어 내기 위한 시간들과 과정들을 무시할 때가 종종 있다. 그렇기 때문에 창의성에서 기초, 기술, 지식 등을 중요하게 생각하지 않는 경우도 있다.

그렇다면 선입견은 어떻게 창의성에게 나쁜 영향을 미치는 것일까?

사람은 살아가면서 익숙함을 필요로 하고 곧바로 그 익숙함이 편하게 되어 안주해 버리려는 습성이 강한 동물이다. 그래서 외부의 자그마한 자극에도 참지 못하는 경우가 대부분이다. 그러나 인생의 가시밭 길은 언제나 많은 문제들이 수시로 일어나고, 어떤 문제가 발생했을 때, 이제까지 별다른 의심 없이 풀었던 익숙한 방법으로 그 문제를 해결하려고 한다. 그런데 누군가가 '아, 이 방법이 아니구나'를 인식하게 될 때, 새로운 방법을 찾는 시도가 시작되는데 이게 바로 '창의성'인 것이다. 이처럼 익숙한 과정을 파괴하는 가장 빠른 방법은 선입견을 버리는 것이다.

선입견이란 어떤 상황이나 사물에 대해 아무 것도 모른 채 만들어진 고정 관념이기 때문에, 새로운 시도를 한다는 것 자체를 더욱더 어렵게 만든다. 사람들은 선입견을 버려야 한다고 입을 모아 말한다. 하지만 막상 위기 상황이 닥쳐오면 늘 했던 방법으로만 일을 풀어간다. 그러나 위기란, 큰 틀에서 볼 때 그냥 '위기'지만, 세세하게 세부사항들을 따져보면 똑같은 상황의 '위기'란 거의 없다. 그렇기 때문에 우리는 어려운 상황이 닥칠 때마다 허둥대고 새로운 고민을 하게 되고 거기에 대응하는 새로운 대안점을 찾게 된다.

인재들이 비즈니스적 창의성을 발휘할 때, 공통점이 있다고 한다. 특히 이러한 공통점 중에 특이한 점이 있는데, 이것이 바로 유머이다. 개인 창의성에서 언급되었던 '유머'에 대해 프로이트는 긴장으로부터 해소되거나, 금지 혹은 억제를 해야 되는 상황에 놓였을 때 웃음이 터진다고 했다. 그래서 유머 감각은 상황을 완전히 뒤집어 사고할 수 있는 놀라운 능력을 주게 되는 것이다. 게트젤스와 잭슨 Getzels and Jackson, 1962에 따르면 유머에 빨리 반응하는 어린이들에게서 창의성이 더 많이 나타난다고 하였다. 아마도 어른이 되어서도 유연한 사고를 유지한다면 유머를 좋아하는 성향을 잃지 않을 것이라고 생각된다. 유머란 그냥 웃음만을 주는 가벼운 것이 아니다. 직설적으로 의견을 전달하기 어려울 때 사용될 수도 있고, 분위기를 만들 때 사용할 수도 있다. 실력과 포용력이 있어야 유머를 말할 수 있고, 받아들일 수 있다. 유머는, 우리가 예상치 못한 부분에서 웃음을 선사하기 때문에 넓은 시야에서 사물을 바라보며, 선입견이 없이 새로운 시각에서 아이디어가 나온다. 이것은 무엇이 사람을 웃길 수 있는가를 알고, 공감대를 형성할 수 있는 좋은 방법이기도 하다.

유머를 만들어 내는데 가장 부정적인 생각 또한 선입견이다. 선입견은 사람을 알고리즘에 빠트리기 때문에 다람쥐가 쳇바퀴를 돌듯 항상 똑같은 생각만 반복적으로 하게 된다. 정말로 사람을 웃기는 좋은 유머는 끝에 꼭 반전이 있다. 이 반전이란 우리가 평상시에 생각치 못하지만 공감할 수 있을 때 가장 좋은 효과가 나타난다. 이 뜻은 우리 역시 한 사물을 여러 각도로 볼 수 있는 여지가 있다는 사실을 알려주고 있는 것이다.

예술가와 경영가의 선입견도 바로 사회가 만들어 냈다. 본디 예술가의 직업은 기술자였고, 그다지 대중적인 인기를 얻지도 못하였다. 르네상스 시대의 최고 예술가라는 칭호가 따라다니는 미켈란젤로와 레오나르도 다 빈치 역시 기술자에 불과했다. 그리고 이런 사람들은 예술을 직업으로 평생 가진 사람들을 뜻하는 것이지, 보통의 일반인들과 많이 다르지도 않다.

문화사회학에서 말하는 예술가에 대한 선입견은 18세기 말, 19세기 초에 생겨났다고 한다. 파리 몽마르트 언덕에서 외롭고 고독하지만 정신만은 자유로운 삶을 살며, 압생트(absinthe, 18-19세기에 파리 예술가들이 즐겨 마시던 술)를 마셔도 '예술가들이니까 괜찮다'는 선입견을 만들기 시작했다. 그러한 이유들로 인해 예술가들은 윤리적 오류를 범해도 사회가 자신을 용서 할 수 있고 혹은 용서 될 수 있다, 라고 관용 어린 시선을 가졌는데, 이 또한 부르주아들이 만들어낸 예술가들의 고정관념이었고, 현재까지도 사회는 예술가들에게 너그럽지만, 다른 한 면으로는 아주 잔인하게 바라보는, 양면의 얼굴을 지니고 있다.

그렇다면 경영인에 대한 선입견은 어떻게 생겼을까. 자칫 잘못 보면 경영은 이익 창출 만을 목표로 하는 듯한 이미지를 생성할 때가 많다. 하지만 사회를 자세히 주도면밀(周到綿密)하게 살펴보면, 소비자는 경영자의 이익 창출에 동참하는게 아니고 자신들의 감정 욕구를 충분히 채워주는 것 만을 구매한다. 회사의 상품이 아무리 좋아도 소비자가 볼 때 마음에 들지 않으면 구매로 이어지지 않는다. 이것은 소비자가 기업을 생각해서 구매하는 행동을 하는 것이 아니라 개인의 감정에 의해 소비하는 습관이 생기는 것이다. 그렇기 때문에 소비는 꼭 기업에게만 이롭다는 사실 또한 선입견이 될 수 있겠다. 좋은 소비, 나쁜 소비, 착한 소비 등 소비의 종류와 구매자들의 취향이 다양해지면서 기업들은 한 가지 시각에서만 소비자를 바라보는 것이 아니라 여러 방면으로 소비자를 연구해야 할 의무가 있는 것이다.

그럼 여기서 인간의 욕구를 가장 무의식적으로, 가장 대표적으로 차지하는 것은 무엇일까?

바로 문화이다.

정치나 경제로 설명할 수 없을 정도로 문화의 파급력은 엄청나다. K-POP의 전파력이 대한민국을 알리는데 큰 역할을 하는 것 처럼, 문화가 사람들의 마음을 가장 잘 움직이는 환경 중 하나다. 또한 문화예술이란 인간에게 내재되어 있는 욕망을 표현한 것이기 때문에 굳이 설명하지 않아도 사람들은 알아볼 수 있는 것이다. 인터넷이 발달하면서 너무 많은 정보와 복잡함이 있음에도 불구하고 가장 안전하게 경영하는 것은 바로 소비자에게 인간의 감정을 최대한으로 전달하는 것이다. 때문에 마케팅은 세분화 되어가고 복잡해졌지만, 결국 답은 인간에게 있다. 복잡한 것을 가장 단순하게 풀 수 있는 방법은 고정관념을 깨는 것이다. 선입견이란 사물에 대한 한 가지 생각만 하게 만드는 것이다. 다른 생각을 할 필요가 없기 때문이다. 하지만 선입견을 버리면 사물에 대해 시야가 넓어진다.

아쉽게도 선입견을 아예 사라지게 할 수는 없다. 이것에는 우리가 살고 있는 사회적의 사회적 고정관념과 도덕적인 생각, 윤리 등 여러 복잡하고 다양한 원리가 포함되어 있다. 급변하는 시대를 쫓아가다 보면 세상이 진화하기 때문에 선입견에서 조금이라도 벗어난다면 훨씬 쉽게 변화에 적응을 할 수 있을 것 같다. 그리고 이 과정에서 따라오는 어려움들을 창의적으로 해결해 나가는 열쇠가 될 수도 있을 것이다.

창의적인 아이디어를 떠올리는 사람들이 어린 아이 같다는 말을 많이 듣는 이유가, 바로 선입견이 없기 때문이다. 어린 아이들의 뇌는 유연하기 때문에 틀에 박힌 사고보다 보이는 것을 단순하게 발언한다. 따라서 어른들은 어린 아이의 세계를 이해하지 못하면서 창의적이라고 말하는 것이다. 이는 단순함이 그 어떤 복잡함을 넘어선다는 결론이다. 어떻게 보면 새로운 아이디어를 창조할 필요 조차 없다는 뜻이다. 선입견을 버리는 순간 샘 솟는 아이디어들이 자신을 지배할 수 있기 때문이다.

문제와 질문

질문은 반드시 어떤 답을 구하는 것
이상의 효과를 갖는다.

- 칼리 피오리나Carly Fiorina 前 HP CEO -

문제가 발생했다.

그럴 때 인간은 당황하며 그 문제를 바로 해결하기 위해 옳다고 생각되는 답 만을 찾아 헤매기 시작한다. 분명히 답을 찾기 위해 창의성이 필요하다. 하지만 놓치지 말아야 할 것 중 하나는 창의성을 찾기 위해서 끊임 없는 질문이 필요로 한다는 것이다.

그럼 질문은 왜 필요한 것일까.

여기서 잠깐 집고 넘어가야 하는 사실은, 분명히 창의적인 생각은 과거에서부터 출발한다, 라고 했지만, 창의적인 생각을 하려면 틀이 박힌 생각이 아니라 새로운 관점에서 아이디어를 제시해야 한다고 했다. 바로 이런 점들이 이미 애매모호한 창의성을 더욱더 어렵게 만드는 대목일 것이다. 이 때 올바른 길을 결정해 주는 요소 중 하나가 올바른 질문이 아닐까 한다.

질문이란 계속 던질수록 거기에 적합한 새로운 관점을 만들어 낸다.

내가 올바르게 하고 있는 것일까, 다른 사람이 한다면 이것을 어떻게 할 것일까, 다른 전공에서는 어떠한 시각으로 내가 하는 것을 바라볼 것인가, 등등 질문이란 실수를 피해 갈 수 있도록 도와주고, 과거의 편견에서 벗어나게 해주기도 한다.

질문이 가지고 있는 단점은 '시간'이 아닐까 싶다. 바쁜 현대인들은 문제 해결을 급하게 하다보니 제대로 된 질문을 할 틈도 없이 사고(事故)를 막 처리하기 시작한다. 또한 1분 1초를 다투는 상황에서 당연히 생각할 여유가 많이 없기 때문에 창의성이 고갈된 듯 보일 때도 있다. 한 문제에 대해 집요하게 파고들기 위해서는 그 만큼의 시간과 체력을 소비해야 하는데, 하루에 너무 많은 일들을 소화해야 하는 현대인에게 창의성이 정착하지 못하는 경우도 있다.

불행히도 어떻게 보면 창의성이란 것은 결과만 보여주지만, 창의적인 사람에게는 결과 만큼 과정이 중요하다. 과정이란, 발생하는 문제와 새로운 생각 속에서 던지는 질문들로 이루어 지는데, 이 역시 시간과 그가 속해 있는 조직의 너그러움이 필요할 때도 많다. 이렇기 때문에 너무 심한 압박 속에서, 혹은 너무 조여진 조직이나 틀 안에서는 번뜩이는 아이디어가 나올 틈이 없는 것은 당연한 이치다.

올바른 질문은 통찰력을 필요로 한다. 통찰력이란 짧은 기간에 생기는 것이 아니다. 경험, 지식(박식함)과 전문지식(기초)이 함께 어우러졌을 때 발생되는 현상이다.

유태인들은 세상에서 가장 많은 과학자와 예술가들을 배출했는데 그들의 가장 독특한 점은 질문에 질문으로 답하는 것을 즐기는 것이라고 한다. 이렇게 하면 많은 사람들은 바쁜 시간을 그렇게 싱겁게 낭비하느냐, 라는 생각을 할 수도 있겠지만, 이것은 오랜 세월 전 세계를 경제적으로, 두뇌적으로 장악한 그들 만의 대화 방법이다. 여기에서 우리는 뭔가 얻을 점이 있다, 라는 생각을 하지 않을까?

어떻게 보면 사람들은 그냥 살고 있는 것 처럼 보이지만 그들은 답을 알고 산다. 하지만 그 답에 대한 새로운 질문을 만들지 못하는 경우가 허다하다.

심리학자 길포드Guilford는 문제에 대한 민감성은 창조에 대한 시도를 훨씬 높인다고 말했다. 문제에 대한 민감성은 끊임없이 그 문제에 대한 생각을 하게 만들며, 새로운 시각으로 바라볼 수 있도록 만든다. 이는 문제에 대한 질문이 계속 바뀐다는 뜻이다.

여기서 한 가지의 질문을 던지게 된다.

왜 모든 학문이 인문학을 거쳐 가게 되어있나, 라는 것이다.

최근 전략적인 이론으로도 이해할 수 없는 창조 경영이 떠오르며 인문학의 소중함이 더 드러나게 되었다. 이는 경영의 문제를 인문학으로 질문하는 것과 일맥상통하는데 어찌 보면 당연한 귀결이다. 이를 자세히 들여다보면 음악과 철학, 과학의 밑바탕도 인문학이기 때문이다.

창조 경영이란 본디 곡을 창조하는 것과 비슷한 것이다. 한 시대를 살아가는 작곡가들은 같은 이론을 토대로 자신 만의 음악을 작곡하는데, 그 스타일과 언어가 개성의 차이로 보이는 것이다. 이런 이유들로 인해 음악의 시작이 작곡이라면 경영의 시작이 창조라는 것이다. 예술과 경영의 창조에서 공통점은 두 분야 모두 성공의 기준이 대중성이 될 수 밖에 없다는 사실이다. 과거부터 현재까지 문화와 예술은 끊임 없는 혁신으로 돌파구를 찾아가며 발전해 왔다. 우리에게 친숙한 이름의 문학가, 미술가, 음악가들은 당대에 대중의 인기를 받았지만, 한 편으로는 새로운 스타일을 선보이면서 손가락질 당하고 심한 비판과 질타를 많이 받았다. 역사에 남은 위인들은 모두 새로운 것을 시도했으며, 혁신을 일으킨 사람들이다. 현대의 경영은 조직 운영 외에도 폭넓은 의미로 사용되는데, 어찌 보면 경영이란 것 자체가 문화 트렌드로 자리 잡았기 때문에 창조적 창의성이 더 필요한 것이 아닌가 싶다.

또한 현재 창조 경영 외 다루어지는 디자인 경영, 지식 경영, 브랜드 경영 등, 여러 방식의 경영을 보면, '디자인', '지식', '브랜드'란 경영을 설명하는 언어인데, 20세기 초까지 사회에 반영되어 인간의 욕망을 표현했던 문화들이 생산과 자본주의로 물들면서 월스트리트에서 몰아 치는 금융 속에 함몰되어 버렸다. 그래서 우리는 어떻게 보면 인류상 그 어느 때보다 문화가 없는 시대에 살고 있다고 볼 수 있다.

그렇다면 한 번 르네상스 시대를 살펴보자. 벽화, 건축물 자체가 디자인이다. 굳이 현대에 우리들이 사용하고 있는 '디자인'이란 단어를 쓰지 않아도 우리 뇌리에는 고시대의 벽화나 건축물을 바라보기만 해도 이미 아름답다, 라는 생각이 머릿 속에 가득 찬다. 하지만 현대에서는 누군가 나서서 '디자인'을 외치지 않으면, 20년 후에 재건축을 해야 하는 의미 없는 건축물들이 생겨나기도 한다. 때문에 어떻게 보면 21세기에 우리가 외치는 디자인과 브랜드의 원조는 그리스 시대부터 존재하였던 것이다. 이런 사실들을 알아가는 과정이 인문학의 입문을 뜻하는 것이다.

인문학은 생산, 품질이란 문제가 풀리는 동안 기계에만 의존했던 문화가 다시 친환경적으로 바뀌면서 일어나는 현상을 21세기 언어인 경영 언어로 풀어내는 용어들이라는 명백한 사실이라는 것이다.

간단한 질문에 이렇게 방대한 생각으로 설명을 하다 보면 새로운 아이디어와 문제의 본질에 더 가까이 다가갈 수 있을 것이다.

질문의 끝은 답이 아니다. 질문의 끝은 또 다른 질문과 유기적인 관계가 있는 것은 아닐까.

통합

과학자는 우주의 한 점에서 일어나는
모든 것을 보고,
시인은 시간의 한 점에서 일어나는
모든 것을 느낀다.

- 블라디미르 나보코프Vladimir Nabokov 1899-1977 소설가 -

인간은 그 존재 만으로도 여러 역할을 맡고 있다. 가장 우선인 것은 '자존감'이 있는데, 이 자존감은 다른 역할들을 맡으면서 부터 무너질 때가 있다. 사람은 훌륭한 사회인인 동시에 개인적인 성향을 강하게 지니고 있다. 그렇기 때문에 이 두 가지 성향을 잘 적절히 통합하면서 사회와 타협을 하기도 하고 나 자신과 타협을 하기도 한다. 그러다 보니 어느 날은 내가 누구인지, 이 세상에서, 직장에서 혹은 가족 내에서 어떤 역할을 맡고 있는지 헷갈릴 때도 있다.

창의성도 마찬가지다. 창의성이란 한 단어 속에 함축되어 있는 수많은 요소와 내공들에 대해서 생각하지 않는 경우가 대부분이다. 단순히 '창의성', 이 단어 하나 만을 생각하는 경우가 종종 있을 것이다.

이것이 바로 폐쇄적 사고 즉, 질문에 대해 하나 혹은 소수의 판에 박힌 답만 제시하는 것의 출발점이다. 창의적인 생각은 개방적 질문으로 다양한 대답과 해결책이 가능한 확산적 사고에서 출발하는 것이다. 이런 통합적인 사고는 여러 분야를 어우르는 사람들에게 당연히 유리할 수 밖에 없다.

예를 들어 하나의 사물을 바라 보는 시각이 다르다. 그래서 한 분야에 깊은 지식만 지니고 있다면 폐쇠적인 생각 속에서 같은 생각만 반복하겠지만, 전문 분야를 지니고 있는 사람이 다른 분야까지 섭렵하고 있으면 열린 사고를 하게 되면서 다양한 길을 제시하고 여러 각도에서 한 사물을 바라볼 수 있는 기반이 생길 것이다.

공학 분야에서 문제 해결을 위해 발명된 TRIZ(창의적인 문제 해결 이론)를 이용하는 절차 중 '다른 분야에서 사용되고 있는 해결안을 활용하라' 라는 항목이 있다.

여기서 잠깐 헨리 포드Henry Ford를 언급하겠다.

헨리 포드는 성공한 경영인이기 전에 사상가였다. 그는 평화주의자였고, 자본주의가 복지와 함께 해야 한다고 하였다. 그렇기 때문에 포드가 이룬 업적을 단순히 경영자의 입장에서만 바라본다면 설명이 불가능 하겠지만, 그의 철학과 창의적인 문제 해결을 본다면 포드의 업적이 더 빛나 보일 것이다. 그는 대량 생산을 위하여 다른 분야의 기술들을 접목시켰을 뿐 아니라, 노동자들에게 임금을 높게 주면서 이직률을 줄이고 가장 뛰어난 전문가들이 자신의 회사에 남을 수 있도록 시스템을 구축하였다. 그는 경영은 물론, 기술과 사회적 관점에서 사람들에게 필요한 것들을 제공하였다. 일하는 사람들이 편해야 한다는 기본 생각이 있었기 때문에 조금 더 편안하고, 노동시간을 줄이면서 임금을 인상할 수 있는 환경을 만들어 주기 위해 개발된 시스템이 포드 경영 시스템이 되었다. 20세기 경영의 역사를 써 내려온 경영학자들과 CEO들을 살펴보면 3분의 2는 다른 전공에서도 다루어지는 사회학, 미래학, 경제학, 법학, 역사학 등으로 전체적인 사회 흐름이란 감각을 기반으로 훌륭하게 폭넓은 경영을 풀어낸 사람들이다.

특히 음악인들에게 '러시아'라는 나라는 대단히 중요하다. 그런데 그런 러시아 음악사에 중요한 자리를 차지하고 있는 알렉산드르 보로딘A. Borodin은 작곡가일 뿐 아니라 화학 교과서에서도 볼 수 있는 화학자이기도 하다. 보로딘은 발라키레프Balakirev, 무소르그스키Mussogrsky, 림스키-코르사코프Rimsky-Korsakov, 큐이Cui와 함께 국민악파 5인조로 활동을 했는데, 국민악파 5인조가 서양음악사에서 중요한 자리를 차지하고 있기 때문에 보로딘의 작품 역시 많은 칭송을 받고 있다. 보로딘은 연주는 잘 하지 못했지만, 작곡 능력이 뛰어났다. '음악을 포기해야 하나'라는 고민을 할 때마다 발라키레프의 만류에 계속 작곡을 하였다. 보로딘은 주중에는 화학을 연구했고 주말에는 작곡을 했다고 해서 그에게는 '주말에만 작곡하는 작곡가'라는 별명이 붙었다고 한다.

화학과 음악이란 특이한 조합에서 훌륭한 업적을 남긴 보로딘은 러시아 예술가들의 저력을 가장 잘 보여주는 학자이자 작곡가이기도 하다.

또한 아인슈타인Einstein이 말하길, 음악이 자신의 이론을 성립하는데 많은 도움이 됐다고 했다. 이렇게 여러 분야를 통섭하는 것이 창의적인 사람이 될 수 있는 길이다.

하지만 요즈음 한 분야의 전문지식을 쌓기도 너무 많은 시간을 투자해야 하기 때문에 이럴 때 여러 분야의 인재들이 모여 서로의 아이디어와 공감을 나눌 필요가 있다는 것이다.

융합이 조직에 더 적합한 것이라면, 통합은 리더를 위한 덕목이다.

경영인은 많은 결정을 위해 하루에 수많은 분야의 사람들과 대화하고, 각기 다른 부서에 대한 안목을 가지고 결정을 내린다. 이는 감각과 지식을 다 필요로 하는 일이기 때문에 넓은 시야와 각 분야의 지식이 필요로 하는 것이다. 하지만 인간은 모든 것을 다 알 수 없기 때문에 '감각'이란 게 절대적으로 필요한 것이고, 이 감각은 서로 동떨어져 산발적으로 분산되어 있는 것을 한 곳으로 집중할 수 있게 만들고 직결되게 모아주는 역할을 담당한다. 그리고 이러한 감각이 여러 분야를 통합할 때 결정적인 역할을 한다. 여러 조합들 중에 맞는 조합이 떠오를 때 느끼는 감정은 우리를 옳바른 길로 인도해준다.

현대의 인재(人才)상은 전문지식이 깊으며, 박식하며, 호기심이 많은 사람이라고 한다. 특히 2012년 기업이 원하는 인재상은 전문지식, 협업능력(책임감, 리더십, 협력, 인간미, 커뮤니케이션), 그리고 국제감각과 외국어 구사능력이 뛰어난 사람이었다. 이미 10년 전부터 사회는 개인한테 많은 능력을 요구하는 것이 맞다. 하지만 근래 기업들은 인재들에게 투자하는 것을 더 조심스럽게 여기면서 개인의 능력은 물론, 기업에 대한 충성도와 조직 생활에 잘 흡수 되는 사람을 원한다. 또한 책임감과 윤리 의식이 강한 인재들을 원하기도 하는데, 2012년과 2020년을 비교해 본다면 예전에는 능력위주로만 인재상을 보았다면, 이제는 도덕적 가치와 윤리 의식이 함께 있는 인재를 원하는 것이다.

한마디로 이 시대는 통합된 인재를 필요로 한다는 말이다.

재구성

시간은 도대체 무엇을 낳는가?
시간은 바로 변화를 낳는다.
- 토마스 만Thomas Mann〈마의 산The Magic Mountain〉 中 -

시대 흐름에 맞추지 못하는 사람은 낙오자가 된다. 인간이 한없는 욕망을 지니고 있는 것은 불변의 법칙이지만, 그 욕망을 표현하는 것은 시대마다 다르다. 어찌 보면 각 분야의 혁신이 바로 대중이 원하는 포맷을 제공하는 것 같다. 따라서 가장 실용적인 창의성 중에 하나가 재구성 이라는 생각을 하게 된다.

창의적 인재가 되기 위해서는 시대를 잘 맞춰 태어나야 한다. 예를 들어 태블릿 PC를 18세기 말에 만들겠다고 한 사람은 과연 창의적으로 보였을까, 아니면 제정신이 아닌 사람 취급을 받았을까? 혹은 스마트폰 시대인 21세기에 20세기의 가장 위대한 산물인 휴대폰을 창조한다고 하면 사람들은 과연 그것이 창의적이라고 독려해 줄까, 라는 질문을 던져 보겠다.

창의적 산물은 1년 만 먼저 나와도, 1년 만 늦게 나와도 실패한다. 그것은 미래를 바라보지 못한 채 살아 가는 우리에게 너무 앞선 혁신이거나, 이미 식상한 발견이다.

그래서 재구성이란 본연의 콘텐츠를 계속 다른 하드웨어로 바꿔주는 작업 같은 것이고, 새롭다기 보다는 대중에게 전달하는 방법을 계속 바꾸는 것이다.

소설이나 시의 시작은 몇 천 년 전으로 거슬러 올라간다. 그 때 e-book이란 게 존재 하였을까? 너무 당연하게도 몇 천 년BC 2500~2600년전에는 심지어 종이도 아닌 파피루스papyrus에 작가들의 생각과 스토리를 적었다. 그리고 AD 105년, 중국에서 종이를 만들었기 때문에 이것이 획기적인 것이 되었고 새로운 지평선을 열었다. 어떻게 보면 무엇인가를 기록하는 방법중 종이란 방법이 가장 오랫동안 유지되어 왔던 것 같다. 그리고 20세기, 기술의 발달로 컴퓨터나 스마트폰, 태블릿 PC로도 책을 읽을 수 있고, 특히나 e-book이라는 새로운 형태의 책이 나오기 시작하였다. 결국 우리가 소파에 앉아 호머Homer의 〈오디세이The Odyssey〉를 편하게 읽을 수 있도록 소설의 전달 방법은 계속 진화하였다. 덕분에 사람들은 영원히 좋은 글들을 읽을 수 있는 것이다. 특히 음악 같은 경우에는 책보다 더 빠르고 많은 진화를 겪게 되었다. 그렇기 때문에 음악은 재구성의 가장 큰 의미를 지니고 있다.

우선 음악에서는 같은 곡 임에도 전달 될 수 있는 방법이 엄청 많다. 예를 들면 모차르트의 〈터키행진곡Turkish March〉은 〈피아노 소나타 K. 311〉의 3악장이다. 그렇기 때문에 원곡은 피아노 한 악기만을 위해 작곡된 곡이다. 하지만 지금까지 수많은 작곡가들과 연주자들이 이곡을 바이올린과 피아노 2중주나 오케스트라를 위해 편곡하였고, 피아니스트들도 모차르트 원곡이 아닌, 자기 만의 스타일로 편곡해서 연주를 하고 있다. 재즈 풍의 터키행진곡, 라흐마니노프 풍의 터키행진곡 등 정말로 다양한 〈터키행진곡〉을 들을 수 있다. 이것이 음악에 있어서 첫 번째 재구성이라 할 수 있겠다. 두 번째 재구성은 연주를 전달하는 방법에 있어서 400년 동안 생활 속의 문화가 얼마나 어떻게 변했는지 보여주는 좋은 사례이다. 곡 자체가 변하는 것이 아니라, 우리가 음악을 들을 수 있는 기계들의 변화인 것이다. 음악이 만들어진 후 몇 천 년 동안 음악은 공연장에서 실황으로만 들을 수 있는 귀한 경험이었다. 하지만 19세기 말에서 20세기 초에 축음기가 발명되고 전파되면서 사람들은 음악을 집, 혹은 일터에서 즐길 수 있게 되었다. 이 때만 해도 축음기가 귀하고 비싼 장치였기 때문에 부유한 집안에서만 사용할 수 있었다. 하지만 시간이 흐르면서 LP판으로 축음기가 간소화되었고 조금 더 보급형으로 바뀌었다. 그러면서 사람들은 보다 폭 넓은 장르의 음악을 선택하고 들을 수 있게 되었다. 그리고 LP판에서 테이프로, CD로, MP3로, USB로 끊임없이 시대에 맞춰 발전 되어 바흐의 음악을 지금까지 전달 받을 수 있게 되었다. 그리고 지금은 스트리밍으로 음악을 실시간 즐길 수도 있게 되었다.

만약 21세기에 공연장에서만, 혹은 테이프로만 바흐의 음악을 접할 수 있다면 바흐 음악의 생명력이 지금처럼 강할까, 라는 질문의 답은 시대에 맞는 전달 방법을 재구성 해야만 명작으로 잊혀지지 않을 수 있다는 결론이 나온다.

하늘 아래에 새로운 것이 없다, 라는 말처럼 어쩌면 우리는 결국 존재하는 것을 재구성함으로써 또 다른 결정체를 만들어 내고 그것을 '창조'라고 부른다. 여기서 시대와 맞아야 하는 부분은, 그 시대에 대중들이 그것을 창의적이라고 받아들이면 성공한 사례가 되는 것이고, 만약 대중들이 알아주지 않는다면 실패한 사례가 되는 것이다. 어떻게 보면 '재구성' 이란 창의적 요소가 다른 요소들보다 더 중요한데도 불구하고 대중의 인기에 결합되는 면이 있기 때문에 이에 대해서는 '상업용 창의성' 에서 더 자세하게 다루어진다.

동기

… 그러한 것들은 결과이지
원인은 아닌 것이다.
원인은 좀더 깊고,
또 단순한 곳에 잠재해 있었다.

- 존 스타인벡John Stenbeck〈분노의 포도The Grapes of Wrath〉 中 -

창의성이 표면적으로 나타나는 것이 결과라면 시작은 바로 마음 속의 원동력이고 그것이 바로 '동기'다. 지식 탐욕, 사회적 위치에 대한 갈망 등 우리가 원하는 것이 많은데, 이러한 인간적인 욕구가 창의성에 대한 동기 부여로 가장 많이 필요하다.

창의성에 대한 연구가 시작된 후, 20세기 중반에 '동기'에 대한 연구가 활발히 이루어지기 시작했다.

심리학자들은 두 가지 종류의 동기가 있는데 이것은 외부의 자극에 대한 외적인 동기와 마음에서 우러러 나오는 내적인 동기이고 외적 동기와 내적 동기가 서로 상호작용을 하지만, 내적인 동기가 더 중요하다고 말하고 있다.

룬코Runco, 2005는 고난이 없으면 사람은 창조하거나 새로움에 적응하려고 하지 않을 것이며, 동기를 얻을 수 없을 것이라고 말했다. 동기가 생기는 원인이 바로 시련이라고 말하는 것이다. 창의성이 나오기 직전 가장 큰 우울감을 경험해본 적이 있다면 룬코의 주장이 일리가 있어 보인다.

동기 부여가 되지 않으면 의욕도 없고 지구력을 가지고 한 가지 일을 꾸준히 하기가 힘들다. 그렇기 때문에 우리는 무슨 일을 하든 이 일은 어떤 의미를 지니고 있는지, 내가 이 일을 왜 하는지 꾸준히 질문을 던지며 긴 세월 동안 같은 일을 하는 것 같다.

심리학자 오호제Ochse,1990는 동기에 대한 여러 논문과 이 분야의 시초이자 최고 전문가인 아마빌레 교수의 문헌들, 그리고 다른 연구들을 기반으로 광범위한 동기 부여 요인들을 정리하였다. 그녀의 말에 따르면 사람들은 통달하거나, 누군가 무시하는 것을 극복하려고, 본인의 작품을 통해 이름을 영원히 역사에 남기기 위해, 돈을 위해, 자신을 누군가에게 증명하려고, 인정을 받고, 자부심을 함께 얻기 위해, 아름다움을 만들어내기 위해, 그리고 가장 놀라운 사실은 만물의 질서를 알아보기 위해 창의적 행위를 한다고 했다. 이 중에는 내적인 동기 부여와 외적인 동기 부여로 나누어지는 성격도 있고, 양쪽 모두에 해당되는 성격도 있다. 예를 들면 아름다움을 만들어내는 것과 질서를 잡고 싶다는 바람은 내적인 동기라면, 역사에 이름을 남기고 싶은 욕망과 돈을 위해 일을 하는 것은 외적인 동기부여로 볼 수 있다. 또한 자신을 증명하려고 하는 것과 자부심을 원하는 것은 내적동기이기도 하고 외적동기이기도 하다.

여기서 중요한 사실은 외적인 동기 원인과 내적인 동기 원인 모두 중요하지만Amabile, 1996, 원동력을 일으키는 것은 아무래도 내적인 동기 부여가 더 강한 것 같다. 동기 부여가 있어도 좌절을 할 때가 많기 때문에 어디서 이 동기를 찾아야 하는 것 인가도 중요한 포인트다. 그 이유를 알면 슬럼프가 왔을 때 극복할 수 있는 내적인 힘이 더 생기지 않을까 라고 생각된다. 그리고 이러한 동기가 작품이나 결정을 내릴 때 분명히 영향을 미칠 것으로 보인다. 누구를 위해 내리는 결정이냐에 따라 방향성도 달라질 것이기 때문이다.

스턴버그Sternberg는 발명가들을 대상으로 연구를 한 결과 그들에게 가장 큰 동기 부여는 '숙달'이라고 했는데 이 뜻은 그냥 매일하는 일이니까, 라는 것이다. 어떻게 보면 동기 부여라고 할 수 없을 만큼 간단한 답일 수도 있겠지만, 매일 아침 눈을 뜨면 밥을 먹고 일상 생활을 하듯이, 발명가들은 고난과 역경을 이겨가면서 '그냥' 작업을 하는 것일 뿐일 수도 있다.

이렇게 창의성을 발휘하는 이유는 대부분 내면에서 일어 난다. 하지만 환경이나 외부에서 동기를 얻고 많은 영향을 받을 수도 있겠다. 창의적인 순간을 기다릴 때, 갑자기 떠오르는 아이디어를 기다릴 수도 있지만, 누군가의 도움으로 해결이 되거나 힌트를 얻을 수도 있기 때문이다. 하지만 외부에서 오는 압력이나, 유행에 대한 민감성에 의해 창의성이 저하 될 수도 있다. 이러한 외부의 압력에서도 굳건히 자신 만의 세계를 지켜내는 사람들이 특별한 결과를 만들어내기도 한다.

동기 부여가 되면 우선 자기통제를 잘 해야 불필요한 요소에 영향을 받지 않는다. 자기통제란 외부에서 도움을 받을 수 없으며, 내면에서 스스로 책임지고 만들며 실행해야하는 어려운 과제이다. 그리고 이러한 어려운 과제 역시 강한 동기 부여가 없다면 버틸 수 없을 것이다.

사회 속 복잡하고 빠른 속도의 삶에서, 많은 유혹들에서 통제를 해야 하며, 자기 통제를 통해 창의적인 활동의 계획을 스스로 세울 수 있는 개인능력이 중요하다. 창의성을 위해서는 자기 통제가 필요하며, 자기 통제를 하기 위해서도 창의성이 필요하기 때문에 창의성과 자기 통제 간에는 대체로 상호이해적 관계가 있다.

창의성에 대한 시간개념에는 두 가지가 공존한다. 첫 번째는 외부의 압력(데드라인)이 창의성의 속도를 강화시키고 우연히 창의적인 것을 발견할 수 있다는 것이고, 두 번째는 자유로운 환경과 시간에서 창의성이 발생한다는 것이다. 헌터Hunter는 높은 경쟁과 높은 생산의 압력이 창의력을 자극할 수 있다는 것을 발견했다. 특히 시간적 제약이 없는 자유로운 환경이 예술가의 창의성에 큰 도움이 된다는 선입견을 바꾸어 주는 주장이다. 그리고 이러한 주장은 예술에서도 작용 하는데, 데드라인을 가장 잘 맞주는 분야가 바로 무대에 올라가야 하는 모든 예술가들이다. 연극, 발레, 연주 등 라이브로 해야하는 모든 연주는 날짜, 시간 그리고 장소가 정확하게 정해져 있기 때문에 데드라인에 대한 압박감이 심하다. 무대 올라가기 몇 시간 전까지 계속 연주에 오류가 날 수도 있기 때문이다. 하지만 기적같이 무대에 올라가야 하는 순간 모든 문제들이 해결되기 마련이다. 이렇듯 외적인 환경인 데드라인 역시 창의성에 동기 부여가 될 수도 있다.

동기 부여를 찾을 수 있다는 것 또한 억지로 되는 것이 아니라 마음에서 진정성을 가지고 발견해야 하는 것이다. 동기가 내적이든 외적이든 중요하지 않고, 나에게 맞는 방법을 찾는 것이 더 중요할 것이다.

이러한 상호관계 때문에 '동기'는 환경에 따라 창의성의 표출과도 깊은 관계가 있다. 창의성을 위해서는 내면을 가꿀 필요도 있지만, 자신의 주위를 좋은 환경으로 만드는 능력 역시 필요한 것이다. 좋은 외부 환경에서 생동감을 얻어 창의성이 자극될 필요도 있다. 그리고 내면의 창의성을 움직여 주위 세상을 밝게 밝히는 일이 바로 '동기'에서 비롯되는 것이다.

의지만 있다면, 창의성의 문은 분명히 열릴 것이다.

진실

진실을 보여주는 가장 옳은 방법은 단순함과 명확성이다.
거짓은 늘 어렵고, 필요 이상으로 복잡하고 말이 많다.

- 레프 톨스토이Lev Tolstoy 소설가, 사상가 -

미디어를 통해 접하는 수많은 광고들 대부분이 창의적인 산물이다. 가장 창의적인 직업 중에 하나인 광고 제작자는 극도의 고통에 시달리게 되는데 반해, 소비자는 쏟아져 나오는 광고들을 즐겁게 접하게 된다. 그러면서 광고의 내용에 감동을 받을 때도 있지만 허위광고가 아닌가, 라는 의심을 하기도 한다.

이것은 사람들이 창의적인 것을 볼 때, 내가 보고 있는 것이 과연 진실된 것인가, 라는 의심쩍은 질문을 하는 대표적인 사례일 것이다. 창의성을 정의하는데 있어 이성보다 감각이 더 중요하다는 사실이다. 그렇기 때문에 대중들의 마음을 얻으려면 가장 진실되고 절실한 것이 필요하고 이로 인해 감성에 호소하는 것이 공감을 불러 일으키게 된다.

공익 광고는 한 장의 그림이 많은 사람들의 상황을 설명하며 대변하고, 하소연한다. 그런데 구구절절 무언가를 설명하는 문장이 아닌 단 한 장의 이미지에 모든 말을 내포하고 있다. 우리는 그냥 창의적이다, 라고 간단하게 생각하는 한 장면에는 사실 복잡하고도 단순한 스토리텔링이 있는 법이다.

물론 상업용 광고도 창의성과 스토리텔링, 그리고 상품에 대한 진실된 정보가 들어가 있을 것이다. 하지만 공익 광고를 본다면 우리는 진심으로 도움이 필요한 사람들을 광고로 대면하게 되고 도와주고 싶은 욕구가 일어나게 된다. 이것은 이 광고에 제일 평범한 '진실'이 담겨있기 때문에 우리가 쉽게 설득되는 것은 아닐까.

크로비츠Crovits, 1970는 좋은 생각이란 진실이라고 말했다. 진실을 얘기한다면 설득력이 높아진다. 그리고 세상에 아무리 거짓이 많이 떠돌아다닌다고 해도 결국 진실의 한 마디가 가장 큰 파장을 일으킬 것이기 때문이다.

많은 문학과 미술 작품들은 그 시대의 사회를 풍자하는 동시에 영원한 진리를 담고 있다. 이런 이유들로 인해 문학 작품이나 미술 작품들이 시간이 흘러도 대중들의 사랑을 받으며 오랫 동안 살아 남아 생명력을 갖게 되는 것이다. 이를 증명이라도 하듯, 진실이 담겨져 있지 않은 창의성은 대중의 공감을 불러일으킬 수 없다. 즉, 다른 사람이 나의 아이디어에 공감한다는 것은 사랑받는다는 뜻이다.

풍자를 직업적으로 제일 많이 사용하는 찰리 채플린Charles Chaplin 같은 개그맨들을 역사적인 관점으로 볼 때, 가장 창의적인 직업을 가지고 살아가는 전문직의 사람들일 것이다. 그들은 끊임없는 아이디어 싸움으로 웃음을 만들어 내는데, 개그맨들의 소재를 보면 생활에서 우리가 알지 못하고 보지 못하는 디테일한 면들이 정말 많다. 이러한 세밀한 사항들은 우리가 인지하지 못하고 그냥 지나치는 일들을 자세하게 묘사하면서 만들어진다. 만일 개그 소재로 우리가 알지 못하는 사실이나, 진실 되지 않은 소재를 사용한다면 공감하기가 힘들 것이다. 공감대를 형성한다는 것은 곧 우리가 다 같이 겪어 본 일이거나, 겪을 수 있는 일이어야 하기 때문이다.

아침이 오면 해가 뜨고 저녁이 되면 해가 진다. 이러한 순리적인 이치는 세상 어디에서도 통하는 진리이다. 진실된 상황을 어떠한 관점에서 바라보느냐는 또 다른 이야기가 될 것이다. 바라보는 시각이 다르다고 일어난 일이나 아이디어의 본질이 변하지는 않는다. 그냥 새로운 시각이 탄생하는 것이다.

창의성이란, 그냥 아무 것도 없는 무(無)에서 창조되지 않고, 진실 되고 온 마음을 다하는 정성에서 시작할 것이다.

그리고 이러한 진실은 꾸밀 필요도 없고, 어렵고 복잡하게 설명할 필요가 없는 것이다. 진실은 단순하다. 그냥 있는 그대로의 모습을 보여주면 되는 것이다. 하지만 바로 이러한 단순함이 제일 어렵기 때문에 사실을 꾸미기 시작하고, 진실은 거짓에 묻히게 되는 것이 아닐까. 진실은 숨어 있을 수 있지만 언젠가는 꼭 세상에 나오게 되어 있다. 그리고 이러한 사실은 우리에게서 공감을 불러일으키게 되어 있기 때문에, 진실의 힘이 무서운 것이다. 그래서 창의성은 표면에 떠오르지 못하는 진실을 모티브로 삼을 때 큰 파장을 일으키게 되는 것이 아닐까. 선천적으로 발달 장애를 안고 태어난 마샬 스튜어트 볼 Marshall Stewart Ball이 6살에 지은 시 중에 "진실한 생각들은 서로 나눌 때 의미가 있다", 라는 구절이 있다. 진실을 나 혼자만 간직할 때보다 서로와 나눌 때, 그리고 진실이란 사실을 모두 다 함께 알 때, 더 큰 의미가 있는 것이다. 창의성이야 말로 모두와 함께 나눌 때 의미가 있는데, 진실을 담아 나눌 때 더욱더 큰 가치가 있는 것은 아닐까.

융합

세상에 존재하는 모든 것은
한 가지를 모두 다르게 표현한 것이다.

- 파울로 코엘료Paulo Coelho〈연금술사The Alchemist〉 中 -

현재 우리는 융합의 시대에 살고 있다고 해도 과언이 아니다. 하지만 융합이 필요로 하기 때문에 '통섭'과 '융합'을 외치는데 그 이유는 우리가 너무 한 분야의 전문지식에만 매달리기 때문이다.

지금은 전문화 시대이고, 깊은 지식을 필요로 한다. 또 그 어느 때보다 어디에서든 '창의성'을 바라고 있다.

여기서 한 사람이 모든 학문을 융합하며 역사상 가장 창의적인 인물로 이름을 남긴 레오나르도 다 빈치에 대한 짧은 설명을 하려 한다.

다 빈치는 벽화 〈최후의 만찬The Last Supper〉과 〈모나리자Mona Lisa〉를 그린 화가로 알려져 있지만 사실 그는 현재로 말하자면 23개의 분야에 해당하는 박사 만큼의 지식을 가지고 있었다고 한다. 그는 수학, 물리, 천문, 식물, 해부, 지리, 토목, 기계, 수기(手記)나 인생론, 회화론, 과학론 등의 저서를 남겼으며, 조각, 건축, 토목, 과학, 음악 등에서도 뛰어난 재능을 보여, 과학적인 천재로 조명받고 있다.

위에 나열된 분야들은 한 사람의 지식이라고는 도저히 믿기 어려울 정도의 양이다. 하지만 그는 이 모든 분야를 다 섭렵하여 사람을 그릴 때, 해부학 지식을, 조각을 하기 위해서는 물리학과 건축, 토목등의 지식을 사용하였기에 지금의 다 빈치 작품들을 만들어 낼 수 있었다. 그의 천재성과 창의성에 대해서 나열을 하자면 끝이 없기 때문에 이쯤으로 설명을 마치겠지만, 아마도 다 빈치야 말로 '화가' 혹은 '예술가'란 한 단어로만 함축해서 설명할 수 없는 인물 임이 틀림없다. 다 빈치가 아무리 많은 분야를 섭렵하였어도 이 모든 지식은 그림과 조각들을 표현하기 위한 수단이었다. 어떻게 보면 그에게 있어 여러 분야에 대한 지식은 한 작품을 표현하는 다른 방법이기도 한 것이다. 우리가 점점 많은 전문지식들을 융합해야 하는 이유이기도 하다.

퍼거슨Ferguson, 1992은 예술가를 그냥 예술을 창조하는 사람이라고 생각하지 않았다. 그는 예술가들은 작품 뿐 아니라, 유용하고 유익한 발명품을 만들어 낼 수 있다고 말했다. 어떻게 보면 우리가 일상생활에서 사용하는 물건들이 점점 더 예술적인 감각으로 발전되어 가는 것을 이미 알고 있었던 것 같다. 예전에는 가전제품 같이 필수로 필요한 상품들이 그냥 유용한 필수품이었다면 지금은 이러한 제품들 조차도 실용적이면서 아름다워야 한다. 그만큼 소비자의 안목도 높아졌고, 기술도 좋아졌기 때문에 가능한 일이기도 하다.

다 빈치 시절에는 트럭도 없고, 자동차도 없었다. 그렇다면 그들은 어떻게 산에서 작업장까지 몇 톤 짜리 대리석을 운반하였다는 것일까. 답은 바로 르네상스 시대 화가들의 능력에 있는데, 지금으로 말하면 물리학을 이용하여 조각에 필요한 무거운 자제들을 운반하였다고 한다. 그리고 대부분 필요한 장비들은 화가 본인들이 설계하고 만들 수도 있었다고 한다. 그만큼 과학적으로 뛰어났기 때문에 그림을 구도적으로도 감탄을 자아낼 정도로 정확하게 그려낸 것이 아닐까.

이는 한 분야의 재능을 가지면 다른 분야에도 그 재능이 발휘되고, 상호작용으로 인해 큰 시너지 효과를 만들어 낼 수 있다는 것을 보여 준다. 아니, 다른 분야와의 상호작용이 꼭 필요하다고 할 수 있겠다. 여기서 중요한 점은 한 분야의 깊은 지식이 있을 때에만 다른 분야와 상호작용이 가능하다고 볼 수 있다. 그 이유는 어느 분야든, 작은 사소한 사물 혹은 한 사람 속에 모든 우주의 섭리와 원리가 담겨 있기 때문에, 한 가지를 이해할 수 있으면 다른 사물이나 다른 사람들의 패턴을 이해하기가 훨씬 쉬어지는 것이다. 어찌 보면 이것을 우리는 통찰력이라고도 부를 수도 있다.

음악 작품을 이야기할 때, 20-30분 짜리 대곡이든, 3분 짜리 소품이든, 연주자들은 이 곡들에 인생이 담겨 있다고 표현한다. 그만큼 짧은 곡 속에도 복잡한 인생의 스토리가 있다는 뜻이다. 그리고 짧을 수록 섬세한 부분들이 많기 때문에 오히려 표현하기가 더 힘들 때도 많다. 그럴 때면 그동안의 경험, 기술과 지식을 총동원해서 그 곡을 해석해야만 좋은 연주가 가능하다.

이렇듯 작은 혹은 큰 아이디어에 필요한 창의성은 1차원의 간단한 방법으로 풀리지 않는다. 문제를 풀고 나면 단순하게 느껴지지만, 그 과정은 늘 복잡하다. 현대 사회는 인터넷이라는 편리한 기구가 모든 것을 간편하게 만들면서 생각할 과정과 시간을 빼앗았다. 하지만 융합이란 어떻게 보면 복합 관계와도 비슷한 것이어서, 단순한 것들조차 많이 모이면 복잡하고, 프로세스가 조금은 느려질 수 밖에 없는 것이다.

현재의 교육 체계를 따르면서 레오나르도 다 빈치 같이 1인 융합인을 양성하기란 절대 쉬운 일이 아니기 때문에 다른 전문 분야 사람들과의 활발한 소통이 필요한 것이다. 이에 대해서는 그룹 창의성에서 더 자세히 언급하겠다.

'융합'이 가지는 가장 큰 장점은 창의적인 인재들의 개성이 조직에 스며들면서 의외로 성격적인 문제에서는 덜 부딪치게 된다는 것이다.

창의성을 위해서는 위에 거론된 모든 요소들이 한 번에 작동해야 연동상호적인 상승효과가 일어나는 것이다.

가장 쉬운 예를 들자면 우리가 밥을 먹으려면 쌀 한가지 만으로는 한 끼 식사를 할 수 없다. 한 끼 식사를 위해서는 여러 가지 음식만 아니라, 물, 불, 그릇, 식탁, 의자, 수저 등 많은 요소들을 필요로 한다. 창의성 역시 한 가지 고민만으로는 해결되지 않는다는 것이다.

창의적인 사람일수록 더 복합적이고 융합적인 사고(思考)가 필요하고 또 그러기 위해 지식의 융합적인 모색이 중요하다.

상상력

… 우리에게 중요한 것은 막연한 상상이
아니라 창조적인 상상이다.
그것만이 우리를 관념의 단계에서
현실의 단계로 나아가게 해 줄 것이다.

- 이고르 스트라빈스키Igor Stravinsky〈음악의 시학Poetics of Music〉 中 -

상상력이야 말로 창의성과 가장 관련 깊은 것으로 인식 되어 있다. 하지만 우리의 상상력은 어른이 되면서 멈추는 것이 아닐까, 라는 의심이 들기도 한다.

어린이가 창의적인 이유는 고정 관념이 없어 사고가 유연하고, 새로움에 대한 거부 반응이 없어 무엇이든, 자기 만의 것으로 습득하기 때문이다. 어른들은 풀기 힘든 창의성 문제를 어린이들은 어려움 없이 풀기도 한다. 이렇게 자유롭던 사고와 상상력은 현실에 부딪치면서 점점 사라지기 시작하고, 그로 인해 강박 관념이 생겨나며, 문제가 나타나면 경직되고 초초해진 좁은 사고 속에서 그 문제를 해결하려고 노력한다.

물리학자 아인슈타인이 말하길, 상상력이야말로 과학자들에게 꼭 필요한 것인데 그 이유는 새로운 시각에서 문제를 바라보기 위해서는 상상력이 필요하고, 이러한 상상력 때문에 과학이 발전할 수 있었다는 것이다. 진정한 진보를 이룬다는 것은 없는 것을 만드는 창조적인 행위 혹은 혁신을 한다는 것이다. 현실에서는 보이지 않는 것이지만, 상상력을 통해 미래를 설계할 수 있기 때문에 상상을 할 수 있다는 것은 정말로 큰 능력이라 말할 수 있겠다. 노벨수상자 중에는 어린 시절의 상상력을 현실화 시킨 것이 세상을 바꿀 수 있는 원동력이 되기도 하였을 것이다. 분명히 그들은 상상 속에서 보았던 형상을 현실에서 작동할 수 있도록 만들었다는 것이니까. 이러한 상상력이야 말로 예술가와 과학자가 공유하는 정신적인 도구라고 생각한다.

상상력이 세상을 바꿀 수 있다.

더 현실적으로 상상력이 필요한 이유는 많은 것을 생각할 수 있기 때문이다. 상상력은 그냥 모든 것을 상상하는 것이다. 상상을 하다보면 이런 저런 생각을 많이 하게 되는 것이고, 뜬금없는 생각 같다, 라는 생각들이 드는데 사실 이는 창의성에 도움이 된다는 것이다.

여기서 상상력은 기초, 지식과 상반된 거 같지만, 실제로 기초와 지식을 기반으로 한 상상력이 가장 현실화 되기 좋은 것이다.

앞에서 강조한 것은 기초와 지식, 테크닉이 없다면 상상력이 현실화 되지 않는다는 것이었다. 상상력이 현실화 되기 위해서는 과학적 이론이나 단서들이 많지 않을 수 있다. 끊임없는 기술의 발전과 연구들의 진화로 상상력을 세상에 보일 수 있을 때, 그러니까 상상력을 그냥 상상으로만 끝내지 않고 볼 수 있는 이미지로 만들었을 때, 상상력의 의미가 있지 않을까 싶다.

하지만 상상력이 없다면 창의성의 시초가 아예 없고 테크닉적인 한계에 부딪쳐도 상상력으로 풀어가기 때문에 사실 닭이 먼저냐, 달걀이 먼저냐, 라는 시점이 없지 않지만 그래도 더 근원적으로는 상상력이 중요하다. 상상력 없이는 혁신이 있을 수 없다, 라는 뜻이다.

창의적인 사람들을 보면 우리는 흔히 '어린이' 같다, '순수'하다 라는 표현을 쓰기도 한다. 그 이유는 세상적인 눈으로 보았을 때, 현실과 약간 동떨어져 사는 사람 같은 느낌을 받기 때문이다.

아마도 지금처럼 개인 크리에이터creator들이 늘어나는 시점에서는 상상력이 많이 필요로 하지 않을까, 하는 생각을 해 본다. 콘텐츠는 결국 상상의 세계를 펼칠 수도 있고, 콘텐츠를 만들기 위해 하는 아이디어 싸움에서도 결국 상상력이 큰 도움이 될 것이라고 생각 된다.

가장 놀라운 것은 오늘 우리가 말하는 가장 불가능하고, 말도 안 되는 상상력도 50년이 흐르면 전통으로 남을 뿐 이라는 것이다.

20년 전 만 해도 1인 방송과 개인 크리에이터가 이렇게 활발해 질거라고 누가 상상이나 했을까.

17세기에 상상했던 자동차는 20세기에는 필수품이 되었다.

이렇듯 시간을 잘 활용하면, 나의 상상력도 미래에서 사용 되는 필수품이 될 수 있을 것이다. 그러기 위해선 용기가 필요하다, 긴 세월을 버틸 수 있는. 그리고 용기와 함께 확신도 있어야 한다. 상상력이란, 멀리서 시작되는 것이 아니다. 바로 가까운 책부터 시작할 수도 있을 것 같다.

상상력으로 새로움을 탄생시키고 사회의 관습을 파괴할 때 진정한 창의성이 탄생된다고 믿고 있다.

제6장

창의성 - 그룹 레벨

사회는 창의적인 인재를 끊임없이 발굴하며, 그에 대한 기준을 더 까다롭게 만들고 있다. 아이러니하게도 사회는 그들에 대해 개인주의적일 것이다, 까다로운 성격을 가졌다, 같은 많은 편견을 가지고 있음에도 불구하고 창의적인 인재를 갈망하는 것이다.

앞서 창의성의 이론과 개인 창의성에서 보았듯이, 창의성이란 본디 복잡하고 어려워, 쉽고 간단하게 요약할 수 없는 것이기 때문에 창의적인 사람들의 인품에 대해서는 사회가 비교적 너그럽게 받아들이는 특수성이 있다고 피력했다. 특히 창의성을 많이 표출해야 하는 특정 분야에 대해서는 사회가 예술가들에게 가지고 있는 선입견이 존재해서 창의적인 사람은 일반인과 많이 다를 것이다, 라는 전제임에도 불구하고 사회는 여전히 창의적인 인재를 구한다. 이와 함께 발생하는 문제는 창의적인 사람이 과연 조직에 익숙해질 수 있는가에 대한 확신이다. 조직 내에서 창의성은 튀어 보인다. 또한 창의적인 아이디어를 제공하는 사람 역시 조직 내에서 균등하게 보이기 보다는 무엇인가 확실히 '나' 하고는 다른 느낌일 때가 많다.

조직이 필요로 하는 인재와 조직의 특징에 맞게 잘 적응하는 인재는 분명 다르다. 이는 조직의 성과와 조직 내부 구성원들의 협력성과는 다른 인식이 있기 때문인데, 조직 전체로 볼 때는 성과가 중요하지만, 조직 내에서 매일 살아가는 구성원은 대인관계가 더 중요하다. 왜냐하면 일을 하다 보면 일 자체보다 사람에게서 받는 스트레스가 더 크기 때문이다.

우리가 조직 생활을 하면서 모두의 행동을 비슷하게 만들려고 하는 습성 때문에 창의성이 묻히는 것은 아닐까. 남들과 다르면 안되니까, 그리고 나는 내 조직과 호흡이 잘 맞아야 하니까, 라는 생각을 하다 보면 파격적인 아이디어를 내기가 힘들 수도 있겠다. 평등한 관계라도 분위기와 여러 요소에 의하여 과감하게 새로운 아이디어를 말하지 못할 수도 있다. 여기서 사람마다 이해하는 수평적인 관계가 다른 것 같다. 동양의 사회 문화가 수직적 사회라면 서양의 사회 문화는 수평적이라고 표현을 한다. 하지만 각 문화를 자세히 들여다 보면 두 문화 모두 수직과 수평이란 개념이 깔려 있다는 점을 간과하면 안 될 것이다. 팀 안에서 서로의 의견을 모두 다 발언할 수 있으면 수평적인 팀일까. 하기 싫은 일을 하지 않는 것이 개인의 의견을 존중해주는 것일까. 그리고 이렇게 개인의 의견을 다 존중해준다면 팀 프로젝트의 성과는 어떻게 될 것인가.

각 나라마다, 사회마다, 지역마다, 회사마다 문화의 차이가 많다. 그렇기 때문에 같은 문화의 차이를 국적이나 나이로 나누는 것보다 자신이 속해 있는 팀의 특징을 잘 아는 것이 더 중요한 것 같다. 물론 개인 창의성도 외부 환경에 영향을 받지만 그룹 창의성은 환경에 따라 더 큰 파장을 일으키기 때문에 주변 환경을 파악하는 것도 중요한 점일 것이다. 환경 외에도 배려심, 융합, 의견 조합 같은 요인들은 서로의 의견을 공유하는 과정에서 기분이 덜 상하면서 부드럽게 일처리를 하는 점에서 굉장히 중요할 수 있겠다. 그렇기 때문에 그룹 창의성에서는 개개인이 가지고 있는 특성을 조합하는 과정과 결과에 대해서 알아보려고 한다.

환경

사회라는 집단 의식이 창의성에 꼭 좋지 않은 영향만 끼치는 걸까.

창의성에 대한 연구는 내적인 동기 부여에서 외부 환경이 창의성에 미치는 연구까지 활발하게 이루어지고 있다. 우선, 개인이 외부 환경에 영향을 많이 받는다. 이러한 개인들이 모여 한 팀이 되었을 때 다른 환경이 만들어 진다. 그래서 팀의 분위기가 형성 되고, 이러한 분위기가 개인에게 또 다른 환경으로 만들어 지면서 영향을 준다. 이때문에 사람은 이러한 변동에 잘 적응하기 위해서 움츠러들 수도 있는 것이다. 하지만 팀의 분위기가 잘 만들어진다면 긍정적인 에너지의 원천이 될 수도 있고, 팀원들에게 동기 부여도 될 수 있을 것이다.

세이츠Seitz, 2003는 창의성이란, 공유 의식에서 나온다고 믿었다. 이는 공동체 안에서 공유할 수 있는 생각들을 말한다. 개인 창의성에서 보았듯이, 진실은 나눌 때 의미가 있다고 한 것 처럼 창의성이란 사람들이 함께 모여 아이디어를 고치고 덧붙이고를 반복하면서 진화하고 완벽한 상태에 도달 할 수도 있을 것 같다.

이는 창의적인 사람은 공동체 생활이 어려울 것이라는 편견을 바꾸어주는 대목이다.

창의성의 이중적인 면이 집단성에서 가장 잘 나타나는데, 창의적인 사람은 공동체에서 적응하기 힘들다는 편견을 뒤집어 놓는 서술이다. 대부분의 인간은 외로움이 많기 때문에 사회 안에 있는 것을 좋아하고 사회적 범주에서 벗어나는 것을 불안해 한다.

우선 사회에서 원하는 창의적인 인재와 사회에 적합한 창의적인 인재에는 조금의 차이가 있는 것 같다. 사회는 천재들에게는 냉혹하다. 하지만 창의적으로 상황을 만들어 나가는 사람에게는 우호적이다.

창의적인 인재에 대한 사회적 인식 또한 시대에 따라 달라졌고 창의적인 사람이 사회에 적응이 힘들다는 편견은 17세기에서 낭만주의로 넘어가는 시기에 생긴 것이다.

15세기 말까지 유럽에서는 가장 위대한 예술가인 레오나르도 다 빈치, 미켈란젤로 등도 단순한 기능공으로 여겨졌으며, 한 작품을 위해서는 공동 작업을 하는 것으로 인식되어 있기 때문에 요즈음 우리가 생각하는 '예술가적 성격' 같은 유별스러움, 특이한 성격 등을 보이지 않았다.

예술사회학자 하우저Hauser, 1954는 초기 르네상스 시대에는 예술가가 지금의 성격과는 다르게 작업실에서 공동체로 일하는 조합 같은 성격을 띠고 있었기 때문에 작품 활동을 할 때 독립적인 성격을 표현하지 못했다고 한다. 르네상스 시대에 가장 훌륭한 예술 작품들이 쏟아질 수 있었던 이유 중 하나가 바로 이러한 작업 환경일 수 있겠다. 단체 작업을 하면서 큰 작품을 만들 수 있었고, 르네상스의 도시라고 부를 수 있는 도시였던 피렌체는 당시 활달하고 자유로운 분위기의 도시였다고 한다. 반면 베니스는 피렌체보다 훨씬 보수적이었다고 한다. 그래서 피렌체에 메디치 가문이 있었을 뿐 아니라, 도시의 분위기 역시 예술가들의 활동에 영향을 끼쳤을 거라고 본다.

아무리 뛰어난 능력을 가진 사람도 그 힘을 발휘할 수 없는 환경에 처해 있다면 창의성을 보여줄 수 있는 기회가 없을 것이다.

환경은 풍부한 자원의 환경과 빈곤한 자원의 환경으로 나눌 수 있고, 이러한 환경에 따라 또 다시 창의성을 발휘할 수 있는 기본적인 요소가 변할 수 있다. 창의적인 사람일수록 빈곤한 자원 속에서도 눈부신 업적을 낼 수 있을 것이다. 그렇기 때문에 풍부한 자원일 때보다 어려운 시기에 창의성이 더욱더 빛을 발휘할 수 있는 것이 아닐까. 또한 자원이 풍부하지 않을 때는 인간의 생각이 가장 큰 자원이 될 수 있기 때문에 동료들과 함께 공유하며 아이디어를 발전시키는 것이 시간을 절약시킬 수 있고, 경제적인 지원 또한 절감 될 수 있을 것이다.

헌터Hunter et al. 등은 자본집약도가 창의적 성취를 감소시킨다는 것을 발견하였다. 그리고 이러한 이유가 새로운 생각을, 그리고 창의적 분위기의 영향을 제한할 수 있다, 라고 저술했다.

사람이 환경을 바꿀 수도 있다. 그리고 분명히 사람들이 모이면 환경이 바뀐다.

하지만 사람이 환경을 조성 할 때는 조심하고 또 깊은 고민을 해봐야 할 것이다. 왜냐하면 이미 만들어진 환경을 바뀌는 것은 어렵지만 개인이나 그룹이 이러한 환경에 영향을 받기는 너무 쉽고, 창의성 역시 환경에 너무 큰 영향을 받기 때문이다.

배려심

21세기는 그룹 창의성이라는 것이 선택이 아닌 필수가 된 시대다. 어쩌면 이것은 너무 당연한 것인데, 세분화되어 가는 전문 지식의 깊이가 굉장히 깊어져 한 분야를 혼자 감당하기 힘들기 때문에, 창의성의 조건을 혼자 채울 수 없다면 여러 인재들이 힘을 합해 서로 모자라는 부분을 보완하는 것이 합리적이기 때문이다. 만약 레오나르도 다 빈치란 한 인물이 창조적 요건을 모두 충족했다면 지금은 다 빈치가 한 조직으로 움직이는 것이라 볼 수 있다. 개인 창의성이 한 사람 속에 탑재 되어 있어야 하는 모든 것이라면, 한 사람이 한 가지의 요소만 가진다면 여러 명이 모였을 때, 모든 요소를 다 채워나가는 게 그룹형 창의성이다[그림 4]. 이러한 이유로 인사 관리에서 가장 중요한 것은 구성원의 강점과 약점을 빨리 파악해서 서로가 매치 될 수 있는 팀을 만들어 주는 것이다. 이 사람은 이 일을 꼭 해야 된다,

이 직위에 있는 사람은 꼭 이 일을 해야 한다는 선입견을 버리고, 개인의 성격과 지식에 맞는 일을 만들어줌으로써 실수를 줄일 수 있는 기반을 만들어 주는 것이다.

한국에는 빨리하려는 급한 성격의 문화가 있다. 하지만 이러한 속도 때문에 정확함이 부족하여 같은 일을 반복하고 고치는 과정을 거쳐야하는 경우도 있다. 빨리하는 것은, 정확하고 속도가 있을 때 의미가 있는 것이다. 이렇게 속도전이 중요할 때는 '누가' 일을 처리하느냐에 따라서 성과도 많이 달라진다.

아마빌레Amabile, 1996는 '내부 동기는 창의성에 도움이 된다. 그리고 내부 동기를 높이는데 사회적인 요인들이 도움이 되지만 통제를 동반하는 외부의 동기는 창의성에 방해가 된다. 하지만 지식(정보)을 얻을 수 있다면 외적인 동기는 창의성을 높일 수 있다.'라고 했다. 곧 자신에게 권한이 있는 것을 중요시 여겼다. 아마도 창의성이란 뚜렷한 결과를 위해서는 자신에 대한 확신이 필요한데, 이러한 동기 부여를 제한 받는

[그림 4]

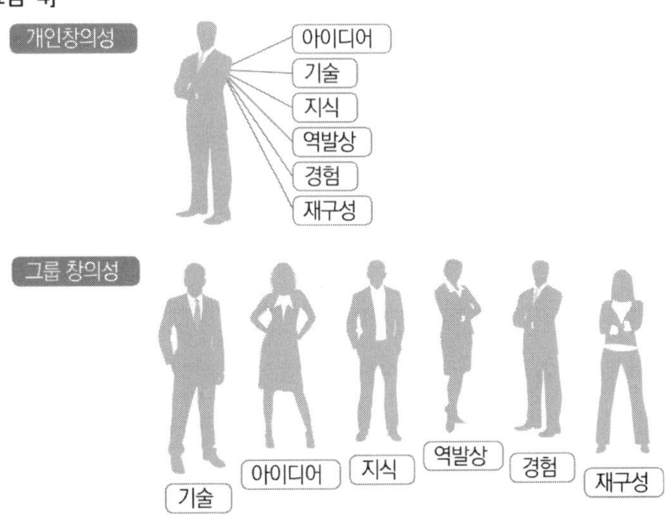

다면 당연히 창의적인 활동을 하는데 불편함이 있을 것이다. 또한 아마빌레는 내적인 동기를 강하게 만드는 요인들을 정리했다. 그 요인들이 다 완벽하지는 않겠지만, 사회가 창의성에 미치는 부정적인 면 뿐 아니라, 긍정적인 점도 있다는 것을 확인시켰다. 동료들과의 경쟁이나 소통 부족같은 상황들은 당연히 팀 안에서의 사기를 저하시킬 것이다. 하지만 실패를 긍정적으로 생각하고 발전의 기회로 삼을 수 있으면서 조직 내에서 엄하게 하지 않고 자율성을 준다면 팀원 간의 소통이 훨씬 활발해 질 수도 있다. 상대방에게 예의를 지키는 것도 굉장히 중요한 부분이다. 예의를 지키면서 나의 의견을 제시 하면 덜 공격적으로 느껴지겠지만, 평소 때 부터 나에게 반감이 있는 듯한 사람의 의견은 우선 수긍하고 싶지 않을 것이다. 이것은 이성(理性)이 알기 전에 감정이 결정하고 먼저 차단하는 것이다. 이런 점을 인식하고 우리는 상대방을 대할 때 조금 더 조심할 필요가 있는 것 같다. 그리고 서로에 대한 배려심이 있을 때 서로의 아이디어를 진심으로 받아들일 수 있는 것이 아닐까. 서로의 소리가 들리고, 생각이 이해될 때 나의 생각을 얹힐 수 있는 것인데, 상대방에 대해서 부정적인 감정을 가지고 있다면 그 사람의 말이 진실되게 들리기는 어려울 것이다. 그리고, 좋은 유대 관계를 만들었을 때 팀원들의 피드백이 비판같이 들리지 않고, 내가 수긍할 수 있고, 수정해야 하는 좋은 의견으로 들리는 것이다. 사람은 이성적이지만 감정으로 처리하는 사고(思考)가 생각보다 많다. 선입견 역시 이러한 부정적인 감정에서 시작할 수 있기 때문에 서로에 대한 관심과 배려가 꼭 필요한 것이다. 따라서 서로에게 동기 부여가 되주어야 하는 팀원들이 상대방을 어떻게 대하느냐, 그리고 서로에 대한 지식과 이해심이 그룹 창의성에는 큰 영향을 미칠 것이다.

인간은 우선 나 자신이 가장 중요하다. 너무 당연한 처사이다. 하지만 내가 잘 되려면 꼭 도움의 손길과 구원의 손길이 필요한 법이다. 그래서 우리는 때로 상대방을 우선 배려함으로써 나 자신을 돕고 있는 것 일 수도 있다.

플로리다Florida, 2004는 각 나라 도시들의 창의성을 연구하면서 창의적인 도시에는 세 가지 차이점이 있다고 말했다. 그것은 3T로 Technology(과학기술), Talent(재능), Tolerance(관용)이다. 위에 언급한 진화해 나가는 조직 문화가 3T를 긍정적으로 만들게 하는 것이 아닌가 싶다. 이것은 곧 창의성에 대한 배려이며, 배려심이 존재할 때 융합이 가능한 것이다.

융합

개인 레벨의 창의성에서 '융합'이란 주제를 이미 다루었다. 앞에서 언급된 융합이란 많은 지식들과 경험들을 하나의 아이디어로 만들어 내는 과정이었다면 그룹 레벨의 창의성에서의 '융합'은 사람과 사람의 융합을 뜻하는 것이다.

아마빌레는 창의적 인재란, 체계적이고 전문적인 지식을 갖추었고 창의적 사고를 하며 일에 대한 열정이 있다, 라고 정리했다. 하지만 이러한 인재는 개성이 강하다, 혹은 성격이 다른 사람들과 융합하기 힘들다는 말을 많이 듣기 마련이다. 아마빌레가 정리한 창의적 인재는 예술적 천재가 될 수 있는 기반을 가진 성품으로 당연히 많은 사람들과는 다소 차별화 된 성격을 지니고 있을 가능성이 더 높다. 때문에 사회는 현재 융합할 수 있는 인품을 기반으로 한 창의적 인재를 찾는 것이다.

벨빈Belbin, 1981은 '아폴로 신드롬'이라는 용어를 만들어 냈다. 그는 창의적이고 뛰어난 인재들이 모인 그룹의 융합을 실험하게 되었는데, 사회의 우려와 같이 성공적인 팀이 되지 못하였다는 것이다. '아폴로 신드롬'에 의하면 융합이 잘 되는 조직은 보완적인 인물이 많은 팀인데, 개인적인 능력이 월등하게 출중하면 자신의 주장이 너무 강하여 역할 분담이 잘 되지 않고, 늘 1인자였던 과거에서 벗어나지 못하여 동료의 뒷받침을 못하며, 지나치게 분석적인 면으로 인해 부정적인 관점에서 일을 처리할 때가 더 많다는 연구 결과가 나왔다. 또한 아폴로 팀은 논쟁하는데 많은 시간을 허비하기 때문에 의사 결정의 지연과 함께 갈등이 고조되며 늘 자기 방식만 옳다고 고집하며 결국에는 고지식한 방식으로 문제를 해결하려 한다고 했다. 간혹 좋게 나오는 성과는 의도적인 팀 워크와 조정 활동을 중시한 경우에 나오는 결과일 뿐이다.

'아폴로 신드롬'이 보여주는 것 처럼 배려심이 없는 팀원들이 모이면, 아무리 우수한 인재라도 자신의 능력을 발휘할 수 없는 것을 잘 보여주고 있다. 창의적인 재원의 인품에 따라 그룹 속에서 창의성을 발휘할 수 있지만, 팀 내 분위기를 망칠 수도 있다. 그래서 배려심의 중요성이 더욱더 중요해지고, 팀 구성원들의 능력이 중요하다. 여기서 능력이란 꼭 전문 분야의 지식이나 기술적인 특별한 면보다 개인의 창의성을 저하시키지 않으면서 다른 사람의 창의성과 융합시킬 수 있는 능력을 말한다.

21세기에 들어서면서 팀으로 해야 되는 프로젝트가 많아졌고 이 때 발휘할 수 있는 창의성이 보다 더 중요해지고 있다. 예전에는 스펙으로만 바라봤던 기계들이나 물건들이 이제는 디자인적인 요소도 있어야 하고, 감동적인 스토리도 있어야 하기 때문에 여러 분야의 전문가들이 모여서 의견을 나누고 한 줄기에서 이 모든 요소들을 발전시키는 것이 가장 이상적이다. 여러 팀들이 모여서 한 프로젝트를 함께 진행하는 것도 역시 마찬가지다. 지식이 있거나 자원이 있어도 그것들을 활용할 수 없다면 무용지물인데, 융합의 지점을 찾지 못해서 버려지는 자원들도 생각보다 많다. 개인 레벨의 창의성에서는 혼자 머리 속으로 많은 조합들을 생각해 보고 시뮬레이션을 해보면 될 수 있어도 그룹 레벨의 창의성에서 융합은 서로의 의견과 주변 환경에서 나오는 자원으로 만들어가야 하기 때문에 장애물이 더 많을 수도 있다. 그리고 이러한 융합을 통솔할 수 있는 사람이 필요할 수도 있다.

또한 융합에서 '유추'를 하는 것도 굉장히 중요한 요인이 될 수 있다. 유추는 여러 분야의 전문가들이 함께 모여있을 때 더 다양한 의견과 새로운 조합들이 생겨 날 수 있다. 이것은 고든Gordon, 1961이 고안해 낸 창의력 증진 기법인 창조공학synectics에서도 나타난다. 시네틱스란, 창의적 아이디어의 중요한 요소인 '유추'는 협력에 의한 결과물이며, 뛰어난 협력적 유추를 위해 고안된 시스템이다. 이는 대화를 통해 일어나는 연쇄 작용이다. 융합은 소통에서부터 시작하는 것이다. 가장 간단하지만 가장 실천하기 어려운 진리이다. 이렇게 우리는 불가능할 것 같은 분야들을 융합시키고, 새로운 분야들을 개척해 나가고 있다.

기계와 예술은 얼마나 멀리 있을까.

인공지능의 도움으로 예술은 더욱더 풍성해지고 있다. 특히 무대 연출 같은 부분은 훨씬 현실감있고 화려하며 완성도 높은 예술 작품으로 지속적으로 발전하고 있다. 그렇다면 이 모든 것을 한 사람이 할 수 있을까. 답이 정해져 있는 질문 같다. 당연히 이것을 위해서는 여러 팀의 합동 작업이 필요하다.

인공지능의 발전 그리고 딥러닝의 진화에 따라서 더더욱이 여러 분야의 융합이 절실해 지고 있다. 그렇기 때문에 우리는 융합을 그냥 단어로서만 받아들이면 안 되고, 이 융합을 실천하기 위해 고민을 해야할 것 같다. 또한, 인구가 줄어드는 추세에 개개인의 개성을 보다 더 존중해야 하는 사회가 만들어지고 있다. 반면 사회 속에서 적응하기 위해서 개인의 개성을 사회 창의성에 융합시킬 필요도 있을 것이다.

의견조합

창의성을 발휘하기 위한 사회 구성원들의 포용력에 대한 좋은 예가 바로 브레인스토밍이다. 브레인스토밍brainstorming은 단지 방법이 아니라 기술이다. 우수한 아이디어를 쏟아낼 수 있는 좋은 브레인스토밍을 하는 것은 많은 노하우를 필요로 한다. 가끔 우리는 "브레인스토밍을 하자!"라고 모여서 한 사람의 의견을 듣다가 끝나는 경험을 한다. 그리고 그 주장에 반대되는 의견이 제시되면 옳지 않은 발언으로 무시될 수도 있다. 그렇기 때문에 브레인스토밍이란 단어를 쓰기 전에 이것에는 어떤 의미가 있고, 어떻게 행동해야 하는지 숙지하는 것도 유용할 수 있겠다. 브레인스토밍이 잘 되려면 그룹 레벨의 창의성에서 언급한 '배려심'과 '융합'이 잘 이루어져야만 한다. 1938년에 브레인스토밍을 발명한 알렉스 오스본Alex Osborn은 4가지 규칙을 만들었는데, 그것들은 다음과 같다. 첫 번째로는 서로 비판을 하지 않아야 하고, 두 번째로는 분위기가 자유로워야한다고 하였다. 세 번째는 아이디어의 양이 우선 많아야 한다. 질 보다도 양이 많아야 하기 때문에, 생각을 말하기 전 머리 속에서 우선적으로 여러 번 다듬고 고치는 노력을 하기 보다는 그냥 직설적으로 생각을 말하는 것이 더 이롭다고 했다. 마지막으로 수정할 수 있는 여력과 조합에 대해서 함께 고민되어야 한다. 왜냐하면 우선 질보다 많은 양의 아이디어가 쏟아지면서 하나의 아이디어가 더 좋은 아이디어가 될 수도 있고, 하나의 아이디어가 여러 개의 조합으로 나누어 질 수도 있기 때문이다. 이 브레인스토밍의 가장 큰 장점은 바로 블럭 같이 몇 천 개의 버전의 통합과 조합이 있을 수 있다는 것이다. 또한 브레인스토밍은 단지 효율적인 회의 방법론 뿐이 아닌, 조직 내에 구성원의 인품을 바로 알아볼 수 있는 기능도 포함되어 있다.

오스본의 규칙 외에도 각 회사마다, 아니면 연구자마다 브레인스토밍의 규율이 조금씩 다를 수도 있다. 이런 이유는 회의 주체자에 따라서 분위기와 문화가 형성되기 때문이다. 그렇지만 기본적인 규칙에서 많이 벗어난다면 그것은 그냥 '회의'인 것이지 브레인스토밍은 아닌 것이다.

그룹 창의성에서 여러 사람들의 창의적인 생각들은 하나로 뭉쳐서 큰 아이디어로 변신하게 된다. 그리고 여러 아이디어를 하나로 만드는 방법으로 브레인스토밍이 도움이 될 수 있다는 것인데, 한편으로는 그룹 창의성에 대한 부정적인 시각도 있다. 물렌과 연구자들 Mullen et al., 1991의 연구에 따르면 개인의 아이디어나 그룹에서 나온 아이디어의 차이가 없을 때도 있다고 한다. 결국 그룹 창의성 역시 인간의 능력이 모인 단체이기에 한 명의 탁월한 인재가 한 그룹보다 더 뛰어날 수 있다는 사실을 보여주기도 한다. 그래서 개인 창의성과 그룹 창의성이 필요로 하는 부분들이 조금씩 다를 수도 있다. 예를 들자면, 개인 창의성에서는 성격적인 면이 많이 부각되지 않지만 그룹 창의성에서는 배려심, 관용 등 인품에 대해서도 언급이 많이 된다. 근본적으로 개인이 창의성을 발휘할 때면 주변 사람들이 창의적인 사람을 보살펴야 한다는 관념이 있다. 하지만 그룹 레벨의 창의성에서는 한 사람의 주장을 따라가는 것이 아니라 모두가 동등하게 참여하여 의견을 조합하는 것이기 때문에 서로에 대해서 조금 더 조심할 필요도 있고, 상대방의 말을 더 경청할 필요가 있을 것이다.

그룹 창의성에는 기분과 분위기가 많은 영향을 끼치게 된다. 이것은 그냥 일시적으로 느끼는 감정보다 생존에 대한 본능으로 다가오는 느낌일 수도 있다. 비판들이 오가는 자리라면 분명히 위기감을 느끼게 되기 때문에 당연히 자신의 의견을 필사적으로 어필하지 못하게 된다. 이러한 분위기가 회의를 딱딱하게 만들고 참신한 아이디어가 필요한 순간을 놓치게 되는 계기가 될 수도 있는 것이다. 다시와 연구자들Dacey et al., 1998은 다양함을 포용하는 것은 창의적인 결과를 허용하는 것이라고 했다. 그리고 이러한 관용을 베푼다면 창의적인 결실을 맺을 기회가 더 많이 찾아온다, 라고 했다. 이것을 위해선 우선 새로움에 대한 거부감이 없어야 한다. 그래야만 나의 의견과 다른 사람의 의견을 같이 받아들일 수 있는 것이다. 그리고 많은 의견들을 조합하기 위해서는 전문적인 지식도 꼭 필요할 것이다. 지식 뿐 아니라, 경험과 분별력 또한 필요하다. 이러한 이유 때문에 일하는 사람들의 마음을 편하게 해 줄 수 있는 환경으로 변해야 하는 것이다. 그리고 서로가 존중하고 존중받는 사회를 만들어 갈 때 아이디어의 조합이 더 빨리 이루어질 것이다.

그룹 레벨의 창의성에서는 분명히 여러 분야의 사람들이 함께 모여 문제를 해결해 나가는 것이 중요하다. 그래야 다각화 된 시각들이 모이게 되고, 새로운 조합들이 생겨나면서 창의적인 결과를 만들 수 있다. 물론 한 분야의 석학들이 모여야 하는 프로젝트나 풀어야 되는 문제들이 있겠지만, 기업 같은 조직에서는 같은 전공과 같은 분야의 사람들만 있을 수 없기 때문에 다양한 분야의 전문가들이 모였을 때 생기는 시너지가 더 중요하다. 이러한 상황에서 의견 조합의 핵심 중 하나는, 전문가의 의견과 아마추어의 의견을 조합하는 것이다.

회사에서 제품을 만든다고 가정해 보자. 예를 들면 지금 이 원고를 쓰고 있는 컴퓨터를 만든다면 분명히 전문가들의 손길로 컴퓨터는 만들어진다. 하지만 이 컴퓨터를 사용하는 사람들 중에는 분명히 필자 같이 기계를 잘 모르는 사람도 많이 포함되어 있다. 그렇다면 전문가들에게 필요한 컴퓨터도 있겠지만, 전문가가 사용하는 것이 아니라면 실용적이고 다루기 쉽고 디자인이 예쁜 컴퓨터가 좋을 듯 싶다. 이럴 때, 비전문가들은 컴퓨터에 대한 의견들을 말하기 시작한다. 이런 기능이 있으면 좋겠다, 무엇은 사용하면서 불편하더라 등등. 전문가 입장에서 이런 의견을 수렴하는 것이 늘 쉬운 것은 아닐 것이다. 기술적으로 불가능한 의견일 수도 있고, 그가 고수하는 철학과 맞지 않을 때도 있다. 그렇기 때문에 전문가는 전문가와 대화를 하면 편할 때도 많을 것이다. 그들은 같은 언어를 사용하고 비슷한 수준의 지식을 가지고 있으니까. 하지만 나와 다른 수준의 지식과 다른 언어를 사용하는 구매자의 의견에 귀를 기울이다 보면 나의 기술과 지식이 더 향상되는 것을 느낄 때도 있다. 그렇다고 모든 의견을 다 수렴해야 하는 것은 아니므로 자신의 이념에서 많이 벗어나지 않는 것도 중요하다. 이념에서 벗어나지 않는 것도 개인 창의성에서 중요하기 때문이다. 가능한 많은 아이디어와 의견을 듣고 소화한 뒤에 내가 사용할 수 있는 순간들을 찾아내는 것에도 연습이 필요할 수 있다.

동기 부여

'동기'란 주제가 개인 레벨의 창의성에서 언급되었지만, 그룹 레벨의 창의성에서도 역시 '동기 부여'가 필요하다. 융합과 동기는 개인 차원과 그룹 차원에서 모두 창의성을 촉진시키기 위해 중요한 역할을 담당하고 있다.

한 이슈를 개인 레벨, 그룹 레벨, 기업 레벨, 사회 레벨, 국가 레벨에서 논의할 때 방향과 내용이 달라질 수 있다. 이것은 시각의 차이보다 점점 복잡해지고 커지는 매커니즘에 맞게 논의점을 설계하면 생기는 현상이다. 이처럼 동기와 융합 모두 개인 레벨에서 볼 때와 그룹 레벨에서 사용 될 때 차이점이 있을 수 있고, 주변 환경에 따라 완전히 다른 토픽이 될 수도 있다. 심지어는 불필요한 요소가 될 수도 있다.

개인 창의성에서의 동기 부여는 조금은 이기적인 것이 될 수도 있는 요인이었지만, 같은 요인을 팀 전체의 목표로 삼는다면 전혀 다른 크기의 영향을 뻗칠 수 있을 것이다. '팀'이라는 하나의 존재감이지만 여러 조직원들이 관련돼 있어 부정적이든 긍정적이든 서로가 서로에게 많은 영향을 주고 받아서 동기 부여에 대한 양면성이 나올 수 있다. 그리고 조직 전체의 동기와 개인의 동기가 충돌해도 그룹 창의성에 영향을 미칠 것이다. 그렇기 때문에 팀원들에게 같은 동기 부여를 심어주는 것도 어려운 과제 중 하나다. 하지만 여기서 장점을 찾아본다면 그룹이 지니고 있는 동기 부여가 개인의 동기 부여보다 선한 영향력을 빨리 퍼트릴 수도 있다는 것이다.

사회 속에서 창의성이 증가될 수 있는 이유는 원동력과 내적인 동기가 외부의 자극에 의해 생기기 때문이다. 사이먼튼Simonton, 1995, 2003은 내적인 동기에서 일어나는 창의성보다 외부의 역할이 더 중요하다고 했다. 이것은 내면에서 일어나는 아이디어의 조합에서 나오는 창의성보다 외부 환경에서 갑자기 일어나는 사건들에 의해 창의성의 역량이 더 증가될 수 있다는 것이다. 이러한 주장에 따르면 그룹 창의성에서 팀원들은 서로에 유용한 환경을 만드는데 도움이 될 수 있고, 창의성의 역량을 높일 수 있다는 것이다.

1965년 노벨 물리학상 수상자인 리처드 파인만Richard Feynman은 규칙이 없는 것은 창의성을 높이는 것이 아니라고 말하며, 그가 연구하던 환경을 설명하였다. 당시 고등연구소는 과학자들이 자유롭게 일하며 생각할 수 있도록 최고의 환경을 만들어 주었다고 한다. 이는 하고 싶은 일에 대한 모든 기회가 있었고, 강의를 해야 하는 압박도 없었다고 한다. 이렇게 모든 연구자들이 꿈꾸는 환경을 만들어 주었는데도 불구하고 좋은 결과가 나오지는 않았다고 한다. 자유는 창의성을 저해할 수 있다. 그리고 자유는 사람을 게으르게 만드는 습성도 가지고 있다. 자유란, 인간을 행복하게 만들 수도 있지만 독이 될 수도 있는 것이다. 그래서 분위기는 자유롭지만 조금의 압력인 '데드라인' 역시 그룹 창의성을 촉진시키는데 좋은 역할을 할 수도 있겠다. 개인 레벨의 창의성의 '동기'에서 언급되었듯이 데드라인은 자연스럽게 창의성을 몰아붙일 수 있다. 또한 데드라인은 그룹의 목표가 될 수 밖에 없고 짧은 시간에 문제를 해결해야 하는 동기 부여가 될 수 있다.

아마빌레가 정리한 조직내 창의성에 미치는 긍정적 요인과 부정적 요인을 본다면 조직원들의 능력이 다양하고 소통과 협업 등이 서로에게 좋은 영향을 미친다. 하지만 외부적인 동기 만을 너무 중요시 여기며 동료들 간의 전쟁이나 소통이 부족한 경우, 그리고 절차에 융통성이 없으면 창의성을 저하시킬 수 있다. 소통과 대화는 동기부여를 할 수 있는 좋은 채널이기도 하다. 그리고 팀원이 어려움에 빠져 있을 때 격려를 받을 수 있는 방법이기도 하다. 슬럼프에 빠진 팀원은 조직의 사기를 저하시키기 때문에 소통을 통해 서로에게 동기 부여를 제공해주는 방법이 조직을 단단하게 만들 수 있는 방법 중에 하나라고 할 수 있겠다.

바사두르Basadur, 1994는 조직 창의성에 관련되어 두 개의 태도가 연관되어 있다고 확신했다. 하나는 새로운 아이디어에 대한 열린 마음으로 받아들일 수 있는 개방성이고, 다른 하나는 다급하게 종결premature closure하는 성향이다. 바사두르와 하스도프Basadur and Hursdorf, 1996는 위와 같은 요인에 세 가지를 더 추가하였다. 새로운 아이디어에 가치를 부가하는 것, 창의성을 발휘하는 개인에 대한 고정

관념과 새로운 아이디어를 만들기에 시간적으로 너무 바쁘다는 것을 덧붙였다. 그룹 레벨의 창의성에서 배려심에 대해서 언급했듯이, 감정과 행동이 창의성에 큰 영향을 줄 수 있다. 바사두르가 언급한 요인들 모두 사람의 감정을 상하게 하거나 북돋아주는 행동이라고 볼 수 있다. 그렇기 때문에 능력이 아무리 뛰어나다 하더라도 올바르지 못한 행동이나 환경에 의해 창의성이 사라질 수도 있고, 그의 행동과 개념에 따라 큰 틀의 사회적 창의성에 기여하지 못할 수도 있는 것이다.

모든 것은 사람의 마음부터 시작한다. 마음이 움직이지 않으면 개인적인 창의성도 일어나지 않지만 그룹 창의성을 움직일 수 있는 힘은 더더욱 없다. 그렇기 때문에 사람들의 마음을 움직일 수 있는 동기 부여가 그만큼 중요한 역할을 하는 것이다.

제 7 장

창의성 - 비즈니스 레벨

창의성에 대한 두 가지 큰 오해가 있는데, 첫 번째는 창의성이란 IQ가 높은 사람이나 천재에게만 찾아오는 것이고, 두 번째는 창의성이 뚜렷하게 보이는 분야는 예술과 과학이라는 것이다. 그래서인지 다른 분야 속에 존재하는 창의성의 사용은 일반적으로 불가능해 보이거나 복잡하게 느끼는 경우가 많다. 지금까지 이어지는 몇 천 년의 역사를 보면 창의성을 사용하는 분야가 점점 많아지는 것을 볼 수 있다. 그리고 여러 분야들을 융합하기 위해서도 창의성이 더욱더 필요로 해졌다. 앞으로도 세상은 점점 더 빨리 변하기 때문에 창의성이 더 유용할 것이다. 대신 창의성에 대한 인식이 조금씩 변할 필요가 있는 듯 하다. 신에게서 내려오는 영감으로 시작되었던 창의성의 역사는 진화하였고, 시대에 맞추어 이제는 너무 거대한 창의성이 아니라, 일상 생활에서도 자주 접할 수 있는 능력으로 자리매김하게 되길 바랄 뿐이다.

예술적, 과학적 창의성이 기초라고 한다면 비즈니스적 창의성은 21세기 실용적인 창의성이다.

창의성의 이론에서 언급했듯이 창의성의 연구는 점점 세분화 되어지고, 20세기에 들어서서 창의성에 대한 연구는 보다 더 단계적으로 발전되었다. 그렇기 때문에 현대 사회에서 우리가 만날 수 있는 창의성에 관한 이론이나 모델, 혹은 현장에서 사용 되는 기술들은 탄탄한 이론적인 배경을 바탕으로 만들어 진 결과들이다.

기본적으로 로데스Rhodes, 1961의 4가지 요소인 사람person, 과정process, 산출물product, 환경press은 창의성이 어떤 방향으로 가는지 정리해 주었고, 이 뒤를 이어 칙센트미하이Csikzentmihalyi는 창의성에 대한 시스템 모델을 만들었다. 이 모델에는 세 가지 요소가 있는데 그것은 영역domain, 현장field, 사람person이다. 이러한 요소는 창의성 외 다른 분야의 연구에서도 많이 사용되는 부분이다. 또한 아마빌레의 비즈니스 문제 해결 방법론 또한 왈라스의 4단계와 비슷한 시사점을 지니고 있다. 이렇듯이 기본적인 창의성에 대한 이론들은 계속 발전되어 분야와 현장에 맞게 계속 진화되고 있다. 개인 레벨의 창의성에서 살펴 보았듯이 기초와 지식이 없이는 아무런 발전이 있을 수 없다는 것을 창의성의 이론에서도 볼 수 있는 거 같다.

탄탄한 이론들을 기반으로 현장에서 사용할 수 있는 창의성에 관한 모델들이 계속 개발되는 것 같다. 다만, 점점 더 복잡해지는 비즈니스 환경들에 의해서 창의성에 대한 모델들도 더 복잡해지는 경향이 있는데 이것은 수 십 년에 걸친 연구들이 창의성에 대한 답을 찾은 것은 아니기 때문이다. 그리고 답을 찾은 것 같으면 또 다시 환경이 변하기 때문에 이론 안에서 요인들도 많아지고, 현장에서 고려해야 할 상황들이 점점 더 많아지고 있는 것이다. 그래서 꼭 옛 것 만을 고집하는 것이 아니라, 트렌드에 맞추어 창의성을 발휘하는 것도 중요할 것이다. 바로 카우프만과 베게토Kaufman and Beghetto, 2009가 정의한 4가지(빅, 리틀, 프로, 미니) C 중에서도 프로 C와 리틀 C가 점점 더 절실해지는 시기가 아닐까 싶다. 예전에는 빅 C가 존재감이 너무 커서 다른 C들의 역할이 좁아졌지만, 지금은 다른 창의성들이 빅 C 만큼 중요할 것이다.

21세기 사회에서 논하는 창의성은 실로 창의성의 역사와도 깊은 관계가 있다. 그러므로 비즈니스적 창의성과 상업용 창의성에 대한 내용은 예술적, 과학적 창의성과는 조금씩 다르지만 결국은 같은 맥락에서 실용적인 창의성과도 깊은 관계가 있는데 이것은 창의성에 대한 고전의 혁신적인 모습이다.

비즈니스적 창의성

비즈니스적 창의성에서 가장 중요한 것은 트렌드를 읽어내고 여러 분야를 연결해서 통합하는 것이다. 비즈니스와 예술 혹은 과학은 많이 다른 것일까. 이러한 질문을 자주 던져 볼 필요가 있는 것 같다. 10년 전만 해도 비즈니스와 예술, 과학은 무조건 다르다고 했을 것이다. 하지만 현재 이 질문을 다시 던진다면 예전 같이 확고하게 '아니다' 라고 하지는 않을 것이다. 이것은 그만큼 많은 분야가 경영과의 접목을 시도하였기 때문이기도 하고, 성공한 사례도 있기 때문이다. 하지만 우리는 확실하게 어떤 부분이 비슷한지 말을 할 수가 없다. 예술이나 과학이 상용화 되기 위해서는 비즈니스적 창의성이 확실히 필요하다[그림 5]. 그렇지 않으면 바흐나 고흐같이 동시대 사람에게 보다 후세에게 많이 알려진 업적을 남길 것이다. 문제는 예술이나 과학이 100년 후에도 인정을 받을 수 있으나, 현재 상용화 되는 상품들도 그럴 수 있을까, 라는 것이다. 다 빈치의 그림 〈모나리자Mona Lisa〉의 값어치는 떨어지지 않고 오히려 계속 올라가고 있다. 하지만 현재 스마트폰을 100년 뒤에 상용화 한다면 지금 만큼의 값어치가 있을까. 예를 들면 100년 전에 사용되었던 전화기가 지금도 그만큼의 가치가 있는지에 대한 질문이다. 비즈니스적 창의성은 빨리 변한다. 또한 기업의 생명이 단축 되면서 기업 환경의 빠른 변화가 진행되는 동안 생존할 수 있는 방법 중 가장 중요하고 비중을 많이 차지하는 것이 '창의성'이라고 다같이 공감하게 되자 창의성의 필요를 더 절실히 원하게 되었다.

대중문화에 주를 이룬 문화 콘텐츠 산업은 비즈니스적 창의성과 상업용 창의성의 결합된 결과다. 고전 문학과 예술을 기초로 새로운 조합을 탄생시켜 수익성을 강조했기 때문에 예술적 창의성 보다는 비즈니스적 창의성이라고 말할 수 있는 것이다.

그리고, 같은 문화 예술에 속하지만 클래식 음악과 K-POP은 다른 장르이다. 현재는 K-POP이 훨씬 큰 전파력이 있다. 그렇기 때문에 K-POP은 문화를 전달하는 과정에서 많은 수익창출을 하고 있

[그림 5]

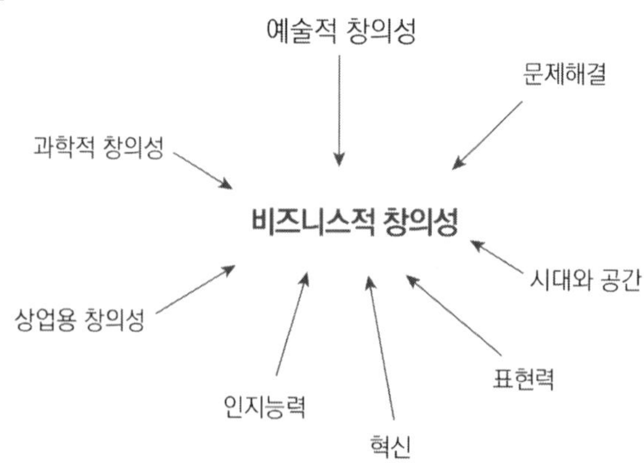

다. 이는 영화도 마찬가지다. 20세기의 꽃이 제조업이다면 21세기의 꽃은 문화다. 그렇다고 자동차나 스마트폰의 중요도가 낮아졌다는 것은 아니지만, 이제는 제조업에 문화를 입히고 있는 시점이다. 이런 것이 융합이고 비즈니스적 창의성인 것이다. 비즈니스적 창의성은 문제 해결 혹은 혁신같은 근본적인 문제에도 통용되며 경영을 위한 창의성이다. 그렇기 때문에 굉장히 좁은 분야가 확실하지만, 필요한 요소와 내용이 가장 많다고 해도 과언이 아니다. 왜냐하면 경영 자체가 이미 복잡한 요소들이 가득한데, 이제는 한 분야를 아는 것만으로는 경쟁을 할 수 없기 때문이다. 그렇다고 지나치게 전문가다운 지식은 비즈니스적 창의성을 저해시킨다. 그것을 대중적으로 바라볼 수 있는 능력은 전문가의 틀에서 벗어나야 가능한 일이기 때문이다. 비즈니스적 창의성은 아마도 창의성 중에서도 가장 포괄적이고 가장 미묘한 뉘앙스가 많은 창의성이 아닐까 싶다. 개인 창의성에서는 자신이 가지고 있는 한 분야의 깊은 지식으로 문제를 해결할 수 있었다면 비즈니스적 창의성에서는 여러 분야의 지식부터 대중성까지 여러가지를 다 생각해야하는 만큼 고려해야할 문제들이 훨씬 많을 것이다.

비즈니스적 창의성은 실용적인 창의성이다. 문제 해결과 혁신 등 변화에 대한 많은 것들을 내포하고 있다고 할 수 있겠다. 또한 예술에서도 비즈니스적 창의성이 사용된다고 볼 수 있다. 예술도 결국 거래가 되어야 가치가 높아지기 때문에 비즈니스적 창의성에서 논하는 예술은 긍정적인 의미에서 상업적으로도 유효한 작품들을 거론하려고 한다.

창의성을 너무 세분화하는 것 또한, 오히려 창의성을 잃을 수 있는 위험을 내포하고 있다. 하지만 창의성은 예술가들과 과학자들의 전유물 같아서 비즈니스 분야에서도 필요하다고 여러 번 강조를 해도 지나치지 않은 것 같다. 그리고 창의성을 현실과 일상에 맞게 표현할 수 있는 방법이 필요한 시기인 것 같다. 이런 비즈니스적 창의성 같은 경우는 한 시대를 살아가는데 있어 그 시대를 조금 더 잘 살아갈 수 있도록 도움을 주는 그야말로 현실적인 창의성이 되는 것이다. 특히 2007년, 금융 위기를 시작으로 세계는 위기 속에 새로운 도약을 창의성에서 찾고 있다. 여기서 뜻하는 창의성은 무엇일까.

아마 이 질문은 늘 그렇듯 시대에 따라 다른 답이 나올 것 같다.

창의성의 역사에서 볼 수 있었듯이 창의성은 여러 형태의 모양으로 늘 존재하고 있었지만 창의성에 대한 선입견 때문에 많은 사람들은 창의적인 사람이 되기 보다는 평범한 사람이 되기를 원하게 되었다.

창의성과 창조 경영에 대한 이슈는 20세기 후반에서 21세기가 시작되면서 더 큰 화두로 떠올랐다. 하지만 지금까지 은둔하였던 창의성은 기업들 속에서 이미 존재하고 있었다. 이는 20세기 초부터 나타난 경영 패러다임을 보면 알 수 있다. 헨리 포드의 자동차 생산 시스템을 보면 비즈니스적 창의성의 가장 좋은 본보기가 될 수 있다. 그는 공장화가 되어 있지 않았던 시절에 대량 생산을 목표로 하여 품질 경영 속에서 창의성을 탁월하게 발휘하였다.

여기에서 놀라운 사실 하나를 발견하게 된다. 창의성에 의해 적립된 사회적, 시대적 편리함과 테크놀로지의 발전은 지난 수 십 년간 극대화 된 전문화 추세로 산업과 직업 전반에서 나타났다. 이러한 흐름 속에서 생산성은 향상된 반면 창의성은 피해를 입게 되었다. 그것은 전반적으로 획일적인 사회 분위기를 맞추기 위해 개인의 특징을 자제하며 오직 큰 틀의 의미에서만 발전을 거듭하였기에 어느면에서는 신선하지만 다른 한 편으로는 소소하고 작은 창의성을 발휘할 수 있는 환경이 철저히 무시되었기 때문이다. 이런 연유로 17-18세기에는 아무도 발견하지 못했던 문제들이 발생하면서 20세기 획일화된 산업 속에서 창의성은 빛을 잃어갔고, 창의성의 부재에 대한 깊은 고찰이 시작되었다. 그러나 20세기 초, 헨리 포드의 노력이 없었다면 산업의 성장이 없었을 것이니, 이것으로 인해 산업이 새롭게 도약할 수 있는 발판이 만들어지는 계기가 되었다고 볼 수 있겠다. 그리고 양적으로, 생산의 과정이 눈부시게 발전하며 획일화 되면서 산업 속에서 우리는 다시 새로움을 찾아야 한다. 그 이유 중에 하나가 바로 산업들의 포화상태이기도 하다. 20세기 후반에는 다시 창의성을 목말라 하며 그의 존재를 부각시켰고 이것은 역사적으로 풀어야 할 숙제로 떠오르게 된 셈이다.

20세기 초, 헨리 포드의 뛰어난 품질 경영 후 도입된 경영의 전략은 지식과 경험, 이론의 기반으로 되었는데, 1990년 대부터 2001년까지 부상한 혁신 경영은 창의성, 비즈니스적 창의성의 일환이었다. 혁신은 정착된 이론과 전략을 변화시킨다. 그러나 예술 분야에서 말하기는 기존에 존재하였던 것을 바꾸는 것보다 새로운 것을 창조하는 것이 더 쉽다, 라고 말한다. 그런 의미에서 볼 때, 혁신은 경영에서 오래 버틸 수가 없었다. 결국 혁신이란 재창조를 하는 창조성의 한 일환으로 끝나버렸기 때문이었다. '변화'보다 '창조'가 더 쉬울 수 있다고 말하면, 사람들은 고개를 갸우뚱할 것이다. 그러나 물론 작은 차이는 있지만, '창조'란 것이 마가렛 보든이 말하는 역사적 창의성

같다면, '혁신' 은 심리적 창의성에 더 가까운 거 같다.

혁신과 창의성은 비슷한 점이 많지만 분명 다르기 때문에 여기서 혁신과 창의성에 차이를 짚고 넘어가는 것이 좋을 듯 싶다.

혁신과 창의성은 겹치는 부분이 많고, 혁신을 이루는 사람은 잠재적으로 창의성을 가지고 있다. 또한 창의적인 사람은 혁신의 과정을 거치기도 한다. 우선 혁신에 대해서 살펴보겠다.

웨스트와 리카즈West & Rickards, 1999에 따르면 혁신이란 일하는 사람들 혹은 팀에게 유리하기 위해 만들어 진 것이다. 새로운 아이디어가 탄생하고 그것을 현실화 해나가는 과정에서 의도적으로 개입하거나 응용하는 것이라고 했다. 이것은 혁신이란 새로운 아이디어가 떠오를 때 필요한 것이 아니라, 일을 하는 과정에서 필요한 것이라고 설명될 수 있겠다. 그렇기 때문에 조금씩 수정해나가고 변화할 수 있는 여지를 주는 것이 중요하다. 여기에 덧붙이자면 웨스트와 파West & Farr, 1991 또한 혁신에 대해서 완전히 새로울 필요가 없다고 비슷한 견해를 설명하였다. 혁신에는 당연히 변화와 도전 정신이 포함은 되어 있어야 하지만 그동안 단 한 번도 보지 못했던 새로운 것은 없어도 된다고 했다. 그래서 비즈니스적 창의성에서 혁신이 유용하게 사용될 수 있다.

비즈니스적 창의성은 어떻게 보면 창조와 혁신의 균형을 잘 이루는 것이라고 볼 수 있다. 창의적이지만 새롭다기 보다는 익숙한 것이 새롭게 느껴지는 지점이라고 할 수 있겠다.

혁신이 이와 같은 작은 변화라면 창의성은 더 강하게 이루어지기 때문에 실용적이라고 하기 보다는 예술적인 가치가 높거나, 인류에 도움이 되는 발명처럼 큰 의미를 지니고 있다.

룬코Runco, 2006는 혁신은 창의성보다 더 큰 효과가 있어야 된다고 했다. 그리고 여기서의 결과는 상업적으로 월등하거나 공적으로 쓸모있는 것이어야 한다고 했다. 이러한 의미에서 혁신과 창의성은 다르고, 독창성과 효과의 균형에도 차이가 있다고 했다.

이러한 시각에서 혁신적인 기업과 창조적인 기업은 미묘한 차이를 가지고 있는 것이다. 이러한 미묘한 차이는 설립할 때, 그리고 성장 과정에 따라서 변할 수도 있기 때문에 한 기업을 가지고 혁신 경영 혹은 창조 경영이라고 단정 짓기는 힘든 점이 있는 것 같다.

비즈니스적 창의성은 혁신과 창조성의 중간 역할을 할 때가 많다. 그렇기 때문에 이상과 현실을 연결해 주는 창의성이기도 하다. 비즈니스적 창의성은 굉장히 유용한 창의성이다. 왜냐하면 혁신과 문제 해결을 위해서도 사용되는 창의성이기 때문이다.

개인 창의성과 비즈니스적 창의성을 발휘하는데 다른 점이 있다면 바로 심리적인 상태이다.

창의성을 개인적으로 발휘하려면 그만큼 정신적인 고통이 따른다. 하지만 비즈니스적인 창의성을 위해서는 부정적인 감정보다 긍정적인 감정이 훨씬 많은 도움이 된다. 예를 들자면 고흐Vincent van Gogh나 바흐J.S.Bach 같은 위대한 예술가들은 개인 창의성의 범주에 속하겠지만 피카소Picasso 같은 예술가는 비즈니스적 창의성의 범주에 속할 수 있겠다. 왜냐하면 고흐나 바흐 같은 인물들은 사후에 인정을 받기 시작했다. 고흐는 너무 힘들고 비참한 인생을 살아가는 동안에도 오로지 창작에만 집중하였고, 바흐 역시 생계를 어렵게 이어나간 작곡가이다. 하지만 그들의 작품은 후세에 명작 중 명작으로, 값을 책정할 수 없을 만큼 큰 존재감으로 자리잡고 있다. 반면에 피카소는 갑부라고 할 수 있을 정도로 큰 부를 가진 예술가였다. 피카소는 예술적으로 뛰어났지만 비즈니스적인 생각 역시 예술 감각만큼 뛰어났던 화가이다. 그렇기 때문에 피카소는 그가 살아있을 때부터 명성이 자자했던 인물이다.

바흐와 피카소의 차이를 하나 더 짚고 넘어가면, 바흐의 음악은 시대보다 앞 서 있었다. 바흐는 정말 특별하다. 바흐가 없었다면 베토벤Beethoven, 쇼팽Chopin, 리스트Liszt, 차이콥스키Tchaikovsky 등 서양 음악사 자체가 존재하지 않았을 것이다. 그만큼 바흐의 음악은 시대를 초월하는 곡들이다. 반면 피카소의 작품은 바흐보다는 더 시대와 소통할 수 있는 작품들이다. 피카소는 20세기의 비참한 역사를 예술로 승화시켰고, 여러 단계를 거치면서 자신 만의 예술 세계를 확고하게 만들었다. 다만, 예술적인 창의성을 사용할 때, 작은 문제 해결들을 위해서는 비즈니스적 창의성이 유용할 수 있겠다. 왜냐하면 비즈니스적 창의성은 역사적으로 깊이 생각하는 것보다 직면한 문제를 해결하는 것에도 사용되기 때문이다. 그리고 예술 또한 비즈니스의 한 산업으로써 비즈니스적 창의성의 바탕이 되기도 한다.

비즈니스적 창의성은 인류 역사라는 큰 틀에 남는 업적보다 현실에서 부를 창출하는데 유용하다. 그러므로 비즈니스적 창의성을 잘 활용한다면 온전히 새로운 것보다, 새로운 조합, 또는 새로운 정의 혹은 다른 분야의 이론을 도입할 때 시대에 앞서지도, 뒤처지지도 않는 트렌드의 주인이 될 수 있다.

문제해결

문제는 늘 발생한다. 그리고 연륜이 생기면서 문제를 당연시 하게 받아들이며 풀어가려고 노력을 한다. 어떤 문제는 해결이 되지 않지만, 대부분의 문제들은 단기간이든, 장기간이든 시간이 지나면 답이 있기 마련이다. 그렇다고 문제에 대한 답은 그냥 어디선가 흘러오지 않고, 아주 작은 부분만 시간이 해결해 준다. 그렇기 때문에 우리는 문제 해결을 위해 행동을 하고 고민을 하고, 때로는 창의적인 해결 방법을 찾아 다닌다.

경영에서 창의성과 혁신에 대한 가장 뚜렷한 예를 보여주는 헨리 포드는 그 때 당시 존재하지 않았던, 눈에 보이지 않는 조립 방식을 구상하고 있었다. 그가 상상한 것은 작은 부분들을 혁신해 나가는 조립 라인이 아니라 제조 방식을 통째로 바꾸는 것이었다. 그리하여 완전히 새로운 제조방식을 만드는 것이었다. 스턴버그와 루바트

Sternberg & Lubart, 1996는 이것에 대해 이렇게 묘사하였다. 헨리 포드가 원하는 것은 새로운 콘셉트인데, 작업장에서 이미 사용 되고 있는 기계 부품들에 대한 변화가 아니라, 이미 따로따로 있는 여러 산업의 방식을 하나로 통합하는 것이었다. 그리하여 그는 육류 포장, 군대, 담배 제조 과정에서 영감을 얻어 세 가지 방법을 통합시킨 것이다. 이 사례는 문제 해결을 위해 비즈니스적 창의성을 큰 틀에서 사용하여 해결한 문제이다.

문제 해결은 대부분 현실에서 일어나는 일이다. 과정 속에서 일어나는 문제, 혹은 상상을 실제로 존재하는 결과물로 만들려고 할 때 가장 많은 어려움에 부딪치지만 결국 해결하는 것이다. 때문에 문제 해결은 동기 부여보다는 어쩔 수 없는 상황에서 허들을 넘기 위한 필요성으로 인식된다.

문제가 발생했다. 우선 다급한 마음에 성급하게 해결하려다 보니 또 다른 문제가 발생한다. 그리고 예상치도 못한 문제가 또 발생한다. 결국 문제가 눈덩이처럼 부풀어나서 해결하기가 쉽지 않다. 이렇게 되면 이 문제의 근원지가 어딘지 희석될 수도 있다. 그러면 문제들을 계속 해결해도 근본적인 문제가 남아있기 때문에 곤란함이 사라지지 않는다. 이럴 수록 문제의 뿌리를 찾아 가는 길이 더더욱 중요하다.

아무리 사소하고 비슷해 보이는 문제라고 해도 미묘한 차이가 있는 것은 어쩔 수가 없다. 문제가 일어나는 환경이나, 사람들의 성격 그리고 그들의 위치에 따라 모든 것이 다르기 때문이다. 문화적 차이도 여기에 포함된다. 나라마다, 도시마다 모두 다른 마케팅 전략을 사용하는 이유도 여기에 해당 되겠다.

같은 피아노라는 악기를 연주해도 다른 작곡가나 다른 곡을 연주할 때면 테크닉도 달라지고 마음가짐도 달라진다. 그리고 연주하는 장소가 달라지고 악기가 달라질 때마다 미묘한 변화가 일어난다. 프로페셔널이란 관중에게 이러한 차이를 드러내지 않고 태연하게 연주를 하는 것이다. 겉으로는 아무런 내색을 하지 않지만 마음은 불안하고 언제 어디서 어떠한 어려움이 튀어나올 지 모른다. 그렇지만 어떠한 상황이 와도, 당황스러운 상황이 와도 잘 극복할 것을 알기 때문에 끝까지 연주를 할 수 있는 것이다. 이러한 연주자에게는 재능이 있고, 끝없는 연습이 뒷받침되어 있다. 그리고 많은 연주를 할 수록 경험도 늘어나기 때문에 대처하기가 더 수월한 것이다. 직감만 있다고 좋은 연주자가 될 수는 없다. 하지만 직감이 없으면 좋은 연주를 아예 할 수가 없다.

이와 마찬가지로 여러 분야에 있는 사람들에게 직감이 있다면 훨씬 빨리 문제 해결을 할 수 있을 것이다. 하지만 이러한 예리함이 부족하면 노움을 청하는 것이 지혜로운 것이 아닐까.

이러한 직감을 통한 통찰력이 문제 해결에는 굉장히 중요한 부분을 차지한다. 통찰력은 사람이나 사물을 꿰뚫어보는 능력이기 때문에 창의성에도 많은 도움이 된다.

여러 학자들Ohlsson, 1992; Simon, 1986; Weisberg, 1995은 통찰을 사용하여 문제 해결을 할 때의 기준을 세 가지로 규정하였다. 첫 번째는 순간적으로 문제가 해결되는데, 이는 경험을 통해서 해결이 되는 것이다. 두 번째로는 문제가 정말로 해결되지 않을 것 같이 더 이상 희망이 없다고 생각될 때 해결된다는 것이다. 마지막으로는 새로운 관점으로 문제를 바라보았을 때 해결 될 수 있다는 것이다. 개인 창의성에서 언급되었던 재구성과 비슷한 맥락이라고 할 수 있다. 개인 창의성에서 언급된 재구성은 한 콘텐츠를 여러 방법으로 변형시키는 것이었다면, 문제 해결에서 말하는 재구성은 새로운 조합들인 것이다. 문제 해결에서 재구성이 중요한 이유는, 문제의 관점에 따라 해결책이 있기도 하고 없기도 하기 때문이다.

문제는 미로와도 비슷하다. 같은 자리만 수 백 번을 돌 수도 있지만, 여러 갈래의 길이 보일 때 똑같은 길만 고집한다면 미로에서 나올 수가 없는 것이다. 미로는 수 천 개의 길의 조합으로 탈출을 할 수 있게 되어 있다. 그렇기 때문에 한 가지 길만 계속 선택한다면 영원히 미로에서 빠져나올 수 없다.

창의성과 문제 해결은 어떤 관계가 있을까, 이는 문제가 생겼을 때 어떻게 문제를 정의하는가에 달려 있다. 비즈니스적 창의성은 역사적 가치를 높이기 보다 일상같이 일어나는 문제들에 더 유용한 창의성이라고 이미 앞서 말한 바 있다. 그렇기 때문에 비즈니스적 창의성은 문제해결에 큰 도움이 될 수 있다. 룬코Runco, 1994는 자신이 설정한 목표로 향하는 길에 문제가 장애물로 나타난다고 보면 예술가들은 문제 해결을 하는데 많은 시간을 보내고 있다고 했다. 그 이유는 생각을 표현하려면 기교가 좋아야 하는데, 기교를 향상시키기 위해 나타나는 많은 문제점들을 계속 해결해야 하기 때문이라고 했다. 매일 매일 연습을 할 때면 이 말이 진정성있게 다가 온다. 연주자를 직업으로하기 위해서는 매일 연습을 해야 하는데, 그 이유는 청중이 들을 때 문제 없이 아름답게 듣는다 해도 연주자 본인은 100% 만족하지 못하고 개선해야 할 점을 알기 때문이다.

가끔은 낙담할 때도 있다. 같은 부분을 백 번, 이 백 번을 쳐도 나아지지 않을 때는, 나에게 어떤 문제가 있는지 파악이 잘 되지 않는다. 이럴 때면 연습을 멈추고 싶다. 그러다 반복되는 동작에 새로운 아이디어를 집어 넣기 시작하면 갑자기 문제가 해결되면서 치던 곡이 새롭게 진전되기 시작한다.

문제해결을 위해서는 반복적인 행동이 중요하기 때문에 연습과 경험이 필수라고 볼 수 있다. 그리고 이런 요소들에 나만의 방법들을 더 얹혀보면 어느 순간 문제가 사라져 있는 것을 발견할 수 있다.

문제해결을 위해 겐리히 알츠슐러Genrich Altshuller는 트리츠(TRIZ - teoriya resheniya izobretatelskikh zadatch, 창의적 문제 해결)를 발명하였다. 트리츠는 원래 공학적 문제를 풀이하는데 사용되는 방법론이었으나 지금은 공학 분야를 넘어 여러 분야에 응용되고 있다. 트리츠에서는 문제 해결 방법으로 네 가지를 제안하였는데 그 방법을 보면 간결하고 결단력이 있어야 실행할 수 있을 것 같다. 우선 문제에서 사용하는 해결이란 기능을 분석하라고 제시하였고, 여기에 무엇인가를 덧붙이는 게 아니라 오히려 삭제하라고 하였다. 또한 문제에 혹은 문제해결에 나타나는 모순을 극복하라고 하였으며, 마지막으로는 다른 분야에서 시행한 해결 방법을 활용하라고 하였다. 어떻게 보면 굉장히 이성적이고 간단한 방법들 같아 보이지만, 상당한 지식과 직감을 바탕으로 한 방법들이라고 할 수 있겠다.

트리츠에 의한 기능 분석은, 첫 번째로 모든 제품은 어떠한 기능을 구현하기 위해 만들어진다. 하지만 필요한 기능과 불필요한 기능, 그리고 인체에 해가 되는 기능이 있기 때문에 제품을 구성하는 요소 중에서 바람직한 기능과 바람직하지 않은 기능을 분석하고 개선해야 할 부분들을 명확히 해야 한다는 기반이다. 둘째로, 바람직하지 않은 기능을 개선하는 가장 좋은 방법은 기능적인 면에 있는 문제의 부품을 아예 없애버리는 것이다. 하지만 그 부품의 바람직한 기능까지 버리면 안 된다는 것이다. 이때 그 부품의 기능을 다른 부품이 수행할 수 있도록 '전환'시켜 주는 것이 좋은 방법이다. 셋째로, 모순된 상황에서 이 모순을 극복할 수 있는 해결안 보다 절충안 과의 타협이 더 매력적으로 보이지만, 트리츠는 모순의 양면성을 동시에 만족시키는 해결 방법을 찾는 것을 전제하에 두고 있다. 마지막으로, 다른 분야에서 사용하고 있는 해결안을 적극 활용할 때 알고리즘에서 벗어나 새로운 방법을 고안할 수 있기 때문에 여러 분야를 섭렵하고 적용할 때 문제 해결의 열쇠가 된다. 복잡한 문제를 간단하게 해결할 수도 있고, 간단한 문제를 풀기 위해 복잡한 과정이 필요할 때도 있는데, 이 때 중요한 것은 새로운 해결 방법이 필요하다는 것이다. 새로운 해결 방법의 시작과 과정은 창의성으로 이루어졌는데 이 창의성 역시 문제 해결들로 가득 차 있다. 창의성과 문제 해결의 공통점은 정해져 있는 법칙에서 벗어난다는 특징이 있다. 기존의 방법으로 해결되는 문제라면 그 문제는 결코 '문제'가 될 수 없으며, 지나가는 또 하나의 '상황'에 불과하다고 본다는 점이다. 문제 해결이란 예술적 창의성 속에서도 반드시 필요하지만, 문제 자체는 비즈니스적 창의성에 의해 해결되는 경우가 더 많다. 왜냐하면 '문제'란 시간을 지체하며 기다릴 수 없고, 당장 해결 해야 하는 시급한 일이기 때문이다.

문제 해결은 이처럼 여러 형태의 창의성을 필요로 하기 때문에 창의성과 문제 해결은 불가분의 관계다.

상업용 창의성

상업용 창의성과 비즈니스적 창의성에는 '대중과 공감'이라는 공통점이 있다. 다른 점이 있다면 비즈니스적 창의성은 창의성의 과정과 문제 해결의 방법에 적용되며, 혁신과 유사한 점도 찾아 볼 수 있지만, 상업용 창의성의 기준은 '결과', '산출물', '매출'과 '인기'의 척도이다. 창의성 연구에 대한 중요한 접근들 중 하나는 산출물을 강조하는 것이다. 크로플레이와 연구자들Cropley et al., 2011은 창의적인 산출물은 독창적일 뿐 아니라 놀라워야하며 그것이 창조된 본래의 의미대로 필요함을 충족시켜야 한다고 했다. 창의성이라고 무조건 '창의적이다!' 라는 느낌이 있으면 안 되고 꼭 필요에 의해 만들어진 목적을 달성시켜야만 의미가 있는 것이다. 이것은 잭슨과 메식Jackson & Messick, 1965이 정의한 창의성의 두 가지 조건인 '새로움'과 '유용함'을 그대로 적용한 생각인데, 현대에서 창의성을 인정받기 위해서는 디자인과 새로움, 특이함은 물론 유용함까지 포함되어야 한다. 왜냐하면 한 산업에서 많은 제품들이 쏟아져 나올 수록 소비자에게는 선택의 폭이 넓어지고, 그만큼 편리한 제품을 선호하게 되기 때문이다. 소비자의 선택을 받으려면 유용함과 편리함은 필수가 되었다.

개인 창의성(예술적, 과학적 창의성)을 위해 필요한 심리적 대가(代價)나 비즈니스적 창의성의 문제 해결과 과정 등을 상업용 창의성에서는 중요하게 생각하지 않는다. 상업용 창의성은 오로지 '결과'만을 중요시 하는 유일한 창의성이기 때문에 내적인 동기, 외부적 환경에 대한 고찰이나 연구를 필요로 하지 않는다. 대중의 판단만이 중요하게 고려되는 창의성이다. 그러므로 상업용 창의성은 지금까지 논의되었던 모든 창의성의 복합적인 결과물이다. 현대는 결과만으로 판단하는 창의성을 우위에 두기 때문에 순간의 선택이 모든 것을 바꿀 수 있는 힘을 가지고 있다.

살바도르 달리는 미술사에서 큰 자리를 차지하고 있는 화가이다. 그는 다 빈치, 고흐, 피카소와 함께 미술 역사에서 가장 천재적인 화가로 꼽히기도 한다. 이런 달리는 예술적 창의성 만을 발휘한 것이 아니다. 달리의 작품 중 의외의 명작이 있는데, 이것이 바로 츄파춥스Chupa Chups의 로고이다. 1960년대 후반에 만들어진 이 로고는 츄파춥스의 판매량에 영향을 미칠 정도로 대단한 작품이었다. 달리의 로고로 포장된 사탕의 판매량이 그 전보다 늘어난 것이다. 현재 로고는 달리의 원작과 조금 다르지만, 달리의 작품을 바탕으로 달라진 모습이다. 순수 미술 화가를 통해 상업용 창의성이 실행되는 것이 신기한 일일 수도 있지만 불가능한 일은 아니다. 달리는 예술적 창의성이 상업용 창의성으로 발전될 수 있는 좋은 사례를 남겨주었다.

상업용 창의성은 이런 시대적 산물로 결정적인 순간에 가장 큰 힘을 발휘하는 창의성이 될 수도 있는 것이다.

시대와 공간

시대와 공간은 현재의 인기도가 가장 큰 의미를 지니고 있는 상업용 창의성과 호흡을 함께 해야 하는 숙명적인 숙제를 가지고 있다. 시대와 더불어 산출물이 현존하는 공간에 따라 창의성에 대한 의견이 엇갈릴 수 있기 때문에 시간과 장소에 가장 민감한 창의성이며, 운명적인 결과일 수도 있다.

시대와 공간에 따라 다른 문화 속에 살아가는 사람들이 상호적으로 받아들이는 '새로움'과 '유용성'Jackson & Messick, 1965이 다르기 때문에 상업용 창의성은 영원하기 보다는 당대에 많은 인지도를 얻게 되는 것이다. 이런 식으로 '창의성'은 시대와 공간의 영향을 많이 받는다고 볼 수 있다. 예술적 창의성은 시대가 요구하는 조건에 의지할 필요가 없기 때문에 시간을 초월하는 명작이 만들어지지만 다른 분야의 창의성은 시대와 공간에 따라 조율되어지기도 한다.

신제품을 출시하기에 앞서 시장 조사를 하고 데이터를 모으고 분석한다. 이 모든 것들은 소비자와 시장을 파악하기 위해서다. 소비자의 취향을 잘 이해하고 정확한 목표대상을 정한 다음 제품을 출시하면 실패의 확률을 줄일 수 있는 것이다. 이러한 전략은 시대와 공간 뿐 아니라 사람까지도 연구를 하며 진행되어지고 있다.

문화의 흐름과 시대를 주도하고 시작하는 것은 한 사람으로 시작될 수도 있지만, 문화가 확산되면서 결국 많은 사람들이 패러다임이라는 틀 안에 갇히면서 비로소 획일감으로 번지게 된다. 이는 시대라는 공간 안에 대중이라는 큰 집단을 만들어 내고, 이 집단이 결국 시대와 공간을 지배하는 주도권을 가지게 된다는 뜻이다. 창의성과 인기의 척도를 정하는 것은 개인보다 큰 집단인 '대중'이 더 강한 힘을 갖고 있기 때문에 만약 대중적인 인지도가 높으면 객관적으로 그다지 창의적이지 않다, 라는 생각을 하는 오류를 범하는데, 이는 아마도 사회가 만든 기준의 척도에 따라 이미 창의적이라고 불리는 정의가 달라서 개인의 의견보다 대다수의 의견을 더 존중하기 때문일 것이다.

지금까지의 창의성은 예술적 가치 혹은 발명품 같은 큰 업적으로, 대중적이기 보다는 작품 자체에 집중하였다면 상업용 창의성은 오직 대중과 소통할 수 있는 것에 치중되어 있다. '소통'과 '공감'이라는 키워드들이 점점 중요해지는 순간, 우리는 너무 먼 곳이 아닌 가까운 곳에서 창의성을 찾아야 한다는 뜻이다.

시대와 공간은 제약이 많을 수도 없고, 시간을 초월할 수도 있다. 왜냐하면 시대와 공간을 결정 짓는 것은 사람이기 때문이다. 사람이 시간을 사용하고, 공간을 이용해야 의미가 있을 뿐, 사용되지 않으면 아무런 가치가 없는 것이기도 하다.

시대는 시간을 뜻하지만 공간은 지리적인 것일 수도 있고, 사람들이 모여서 만드는 집단일 수도 있고, 문화일 수도 있다. 이렇듯 공간 역시 여러 시각에서 바라보아야 올바른 전략을 세울 수 있을 것이다.

사회란 개인들이 모여 만들어진 집단인데, 사회라는 공간에는 통념적으로 개인이 맞추어 살아야 되는 시간이 더 많을 때도 있다. 지도자와 대중의 인기를 얻는 예술가 혹은 엔터테이너들은 시대와 잘 맞았다는 이야기를 많이 듣게 된다. 이는 문화와 트렌드를 주도하는 사람들이 바로 대중이기 때문이다. 고흐의 작품과 그가 지닌 작품의 세계, 그리고 그의 창의성은 고흐의 사후에 인정 받을 수 있게 되었기에, 그의 작품은 시대에 맞게 현재 고가로 큰 값어치를 지니고 있다. 그러나 그의 그림을 소비하려는 기반이 생후라는 점과 대중보다는 소수이기 때문에 고흐는 상업용 창의성의 카테고리에 분류되기가 어렵다. 상업용 창의성으로 분류될 수 있는 것들은 순수 예술보다는 대중 예술로, 추상적이고 내면의 아름다움을 추구하는 것보다는 유행과 트렌드를 유지하기 때문에 시대와 공간은 그만큼 중요한 역할을 하는 것이다.

표현력

창의성에서는 예술적 창의성, 과학적 창의성을 가장 많이 다룬다. 그리고 비즈니스에서 가장 필요한 요소를 창의성이라고 하지만 창의성의 종류가 다양하다 보니 비즈니스에서 필요하다는 창의성에 속하지 못하는 창의성들도 있는 것이 분명하다. 또한 대중의 시각을 반영한 창의성보다는 전문가들의 의견에 의존한 창의성에 더 큰 힘이 있기도 하다. 하지만 창의성이란, 대중에게 공감을 일으키는 것도 중요한 부분이라고 생각된다. 또한 상업용 창의성에서 이러한 '공감'이 가장 중요한 키워드임은 확실하다. 그런데 공감이란 자신의 감정이 주도된 것이 아니라, 상대방의 감정에 동의하며 남의 감정에 따라가는 것이기 때문에, 공감에서 동감으로 진화할 필요가 있고 이 때 가장 중요시 되는 것이 '표현력'이다.

기셀린Ghiselin B., 1963은 창의적인 작품은 색채가 지저분하지 않고 순수하다고 하면서 어떤 시각에서는 창의적으로 보이지만, 다른 관점으로 볼 때면 전혀 창의적으로 보이지 않는다고 말했다. 창의성은 그것을 평가할 때 내면이 아니라 외면으로 평가하기 때문에 부분적으로 창의적이라고 할 수는 없고, 독창적이어야 하는데, 독창적이란 것은 모든 것이 다 독창적이거나 아니면 아무것도 아니라는 것이다. 대부분 예술을 이렇게 엄격하게 평가하기 때문에 예술가의 노고가 물거품이 될 때도 많다. 그리고 표면적으로 평가를 내리기에 생각을 어떻게 표현하느냐가 너무 중요한 것이다.

차이콥스키의 발레 〈호두까기 인형The Nutcracker〉은 작품 자체로는 예술적 창의성에 속하지만, 예술적 창의성 중에도 현재 상업용 창의성의 가장 성공적인 사례의 반열에 올라와 있다.

우선 〈호두까기 인형〉은 크리스마스 이야기가 줄거리인 동화를 기초로 한 발레다. 대략 2시간 정도 진행되는 발레 무대는 현실에서는 볼 수 없는 동화 같은 무대와 아름다운 음악, 안무, 발레리나들이 모여서 이야기를 환상적으로 표현한다.

〈호두까기 인형〉은 매년 발레단들의 50% 정도의 수익을 올리는데, 〈호두까기 인형〉이 무대에 올라가는 것은 연말인 12월 한 달이라는 점이 흥미롭다. 1년 동안 수많은 작품들의 공연보다 〈호두까기 인형〉 한 작품의 수익이 더 많은데, 이는 매 년 연말이면 사람들이 함께 공감하고 동감 할 수 있는 표현력이 막강한 작품이기 때문일 것이다. 표현력으로 시대와 공간을 사로잡은 것이다. 앞 장에 나왔던 시대와 공감의 내용 같이 크리스마스 이야기인 〈호두까기 인형〉을 여름에 공연한다면 이 만큼의 대중성을 얻을 수 있을까. 이렇게 예술적 창의성이 상업용 창의성으로 발전할 수도 있지만, 대부분의 예술적 창의성은 수익률과는 관계가 없을 때가 더 많다. 하지만 '표현'을 어떻게 했느냐에 따라 결과는 엄청난 것이다. 창조, 혹은 예술에 있어, 표현력은 그만큼 막강한 무기로 돌변할 수 있다. 특히 기업들에게 있어 기업을 표현하는 방법으로 광고라는 촌철살인의 표현력을 사용하고 있는 것은 너무나 당연한 일이다. 앞서 창의성에 대한 정의와 그것의 양면성 등, 여러 종류의 창의성을 언급했는데, 현실 속에서 우리에게 가장 필요한 창의성은 상업용 창의성이 아닐까, 라는 의문이 들기도 한다. 어떻게 보면 그 시대에 중요한 역할을 하는 상업용 창의성에는 필수적으로 표현력이 필요한 것은 두 말 할 필요도 없을 것이다. 로저스Rogers, 1995는 창의성의 본질은 새로움이기 때문에 우리에게는 창의성을 판단할 수 있는 기준이 없다고 저술하였다. 만약 예술적인 창의성이나 과학적인 창의성이면 로저스의 주장이 맞을 것이다. 하지만 상업용 창의성을 판단하는 것은 개인이 아니라 대중이기 때문에 사회에서 정해주는 성공의 기준으로 상업용 창의성을 감정할 수도 있을 것이다. 이 모든 것을 종합해 볼 때 표현력이 가지는 힘은 실로 대단한 것이다. 왜냐하면 대중은 실제로 제품이나 결과의 내면적인 모습을 알 수 없기 때문에 오로지 그것들이 어떻게 표현되었느냐로만 판가름 할 수 있기 때문이다.

예술적, 과학적, 비즈니스적, 그룹 창의성을 통합하여 한 가지의 결과물이 나왔다면 대중은 그것에 대해 긍정, 혹은 부정을 나타낸다. 긍정적인 반응은 소비로 이어지지만 반대로 부정적인 반응을 보일 수도 있다. 대중이란 대다수를 뜻하기 때문에, 소수에게만 적용되는 창의성은 상업용 창의성이 될 수가 없으며, 상업용 창의성에 따라 시대의 트렌드를 가늠할 수 있다. 개인의 선택과 대중의 선택은 분명히 다르다. 개인은 예술적, 과학적 창의성을 선택할 수 있어도 대중은 상업적으로 '표현' 된 성공적 창의성 만을 받아들인다.

IT, 문화 콘텐츠 산업, 그리고 패션 산업이 상업용 창의성의 진수를 보여주는 대표적인 분야다. 이들은 아주 강력한 표현력을 가진 분야다. 예를 들자면 프레젠테이션, 마케팅이 상업용 창의성의 가장 짙은 색깔을 지니고 있다. 아무리 좋은 상품도 잘못된 마케팅으로 매출에 지장을 줄 수 있고, 훌륭한 아이디어도 식상한 표현력으로는 최고의 프레젠테이션 방식으로 선택 받지 못하기 때문이다.

근래, 복고풍이 다시 유행으로 돌아오면 명품 브랜드부터 카페까지 복고풍의 디자인과 인테리어가 전반적으로 깔려 있다. 그리고 지금은 이것을 레트로Retro가 아닌 뉴트로New-tro라고 부른다. 여기서 표현력의 진리가 나타나는데, 현재 복고풍이 유행을 한다해도 70년대 옷을 그냥 입으면 촌스러워 보일 가능성도 있다는 점이다. 스타일은 복고풍이나 거기에 21세기의 감각을 추가하는 것이 굉장히 중요한 포인트다. 이것 역시 굉장히 미묘한 차이지만 창의성이란 섬세하게 다루어야 하기 때문에 세부적인 부분들까지 세심하게 표현하는 것이 성공의 길이다.

1950년대 공감 되었던 스타일로 2000년대를 어필하기는 어렵지 않을까. 그래서 늘 시대 흐름 속에 살면서 사회의 분위기를 어떠한 '표현력'으로 어떻게 표현할 수 있는지가 초미의 관심 척도가 되는 것이다.

창의적인 인지능력

창의성에 대한 연구가 가장 심오하게 이루어지는 분야가 바로 인지심리학이다.

그만큼 창의성을 인간이 인지하는 과정에서 생기는 산물이라 여기기 때문인데, 창의적인 결과를 위해서도 인지과정이 필요하지만 창의적인 결과인가, 아닌가를 판단할 때도 인지과정이 필요하다는 말이다. 인지 과정과 창의성에 가장 흡사한 점은 많은 일들이 동시다발적으로 일어난다는 것이다[그림 6].

창의성에 대해 세분화가 일어나면서 평범한 사고가 창의성에 미치는 영향에 대한 연구들이 활발하게 이루어졌고, 그러다 보니 비범한 사고가 창의성에 미치는 영향보다는 평범한 사고가 창의성에 미치는 사례들이 더 많았다. 하지만 평범한 사고는 비범한 사고로 발전될 수 있는 가능성이 있다. 왜냐하면 인간의 사고 과정은 딱 한 가지

[그림 6]

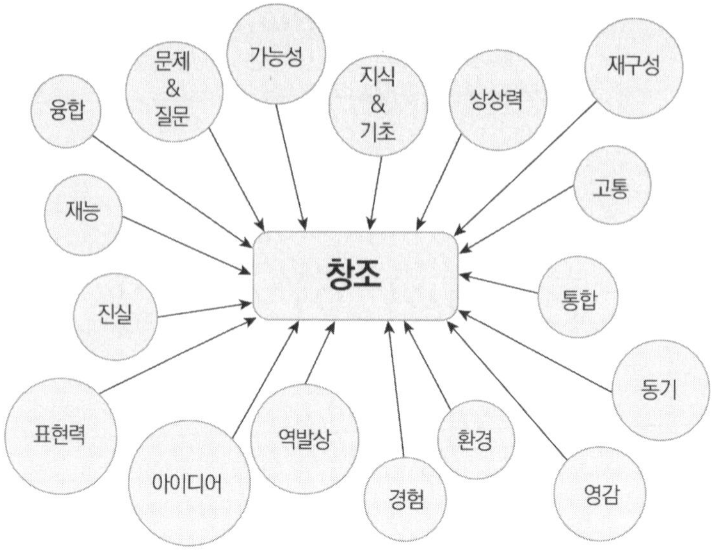

의 유형으로 결론을 지을 수 없기 때문이다. 창의성에 대한 연구가 힘든 이유 중에 하나가 바로 창의성을 국한된 유형이나 리소스 resource 안에서 분석 하려고 하기 때문이다. 창의성은 그것보다 더욱 더 복잡한 사고의 관계에서 일어난다. 특히 상업용 창의성은 평범한 사고와 비범한 사고가 동시에 작동해야 하는 부담감과 함께 창의적인 인지 능력과 한 몸을 이루어야 한다. 트렌드에 민감한 창의성 일수록 대중과 직결되어 있기 때문에 평범한 인지 과정도 필요로 하고, 그 평범함 속에서 많은 사람들에게 어필해야 하기 때문에 비범한 아이디어도 필요하다.

인지 과정이란 지식과 경험을 토대로 만들어 내는 판단을 내리는 심리적 반응이다. 루벤슨과 룬코Rubenson & Runco, 1992a는 창의적인 것에 대한 투자는 재정 투자와 비슷하다고 하였다. 왜냐하면 우리는 창의성을 보기 전에 그 잠재성에 투자를 하고 공을 들이기 때문이다. 잠재성에 투자를 하면 재능이 쌓일 것이고, 뛰어난 결과와 함께 만족과 즐거움을 같이 느낄 수 있을 것이라고 설명하였다. 투자는 양면성을 지니고 있기 때문에 수익이 나면 훌륭한 결정이라고 칭찬할 수 있겠지만, 손해가 나면 큰 손실로 이루어질 수 있다. 창의성에 대한 투자 역시 결과를 아무도 모르는 것이기 때문에 위험한 투자가 될 수 있다. 아이디어에 10년을 매달렸지만 헛세월을 보낸 것일 수도 있다. 하지만 탁월한 업적을 보면 잠재력이 없었던 아이디어에도 정성과 시간 그리고 자원을 투자한 결과의 산물이 된 것이다.

개인 창의성은 선천적인 성향이 강하고 이미 내재되어 있는 가능성을 많이 필요로 한다. 개인 창의성 뿐 아니라 창의성 자체가 선천적인 잠재력을 무시할 수 없다. 하지만 상업용 창의성이 가장 후천적으로 이루어질 수 있는 창의성이다. 내적인 창의성은 당연히 외부의 영향을 받으며 선천적인 요인에도 영향을 받는다. 하지만 후천적으로 생기는 창의성은 오랜 연마를 통해 개발되는 창이성이기 때문에 창의적인 인지 능력을 더 필요로 한다. 결국 상업용 창의성은 후세에게 업적으로 남겨주기 보다는 현재 트렌드를 감지하며 직감과 통찰력으로 터득해 나갈 수 있는 창의적인 인지 능력인 것이다.

사이먼튼Simonton, 1990은 창의성이란 설득을 의미한다고 보았다. 창의적인 사람은, 그리고 창의적인 인지 능력을 가진 사람은 다른 사람들의 사고 방식을 변화시킨다. 이런 면에서 창의성은 '설득'이다. 특히 상업용 창의성은 내용 자체는 창의적이지 않을지 몰라도, 창의적으로 보일 수 있으면 성립된다는 점이 창의성에 대한 허상처럼 들릴 수도 있다. 하지만 꼭 창의적이지 않아도, 창의적으로 보일 수 있다면, 그 가치가 현실에서는 더 높다는 사실을 일깨워 준다.

창의적인 인지 능력과 함께 상업용 창의성의 어려운 점은 아무도 과정이나 방법에 대해 논하지 않는다는 점이다. 개인 창의성 혹은 비즈니스적 창의성에서 찾아 볼 수 있었던 전통의 파괴나, 창의성의 4단계 중 부화기, 준비기간, 고통은 개인의 몫일 뿐이며, 이런 것들이 대중에게는 중요하지도, 보여서도 안 된다는 단점이 있다는 것이다.

그렇기에 가장 냉혹하지만, 현실적이고, 대중에게 어필할 수 있는 상업용 창의성에는 창의적인 인지 능력을 절대적으로 필요로 한다.

제8장

창의성과 리더십 레벨

시대 흐름에 따라 사회가 원하는 리더십의 종류와 요소는 변해 가지만 리더가 지녀야 하는 덕목은 변하지 않는다. 카리스마와 창의성이 없다면 리더가 될 수 없기 때문이다.

'창의성과 리더십'에 공통점이 있을까. 그렇다면 과연 리더에게는 창의성이 꼭 필요한 것 인가.

이삭센과 연구자들Isaksen et al., 2000-2001은 리더의 행동은 큰 영향력을 가지고 있어서 사람들의 인식에 큰 변화를 줄 수 있다고 하였다. 그리고 변화란 창의성이나 분위기가 바뀌는 것을 뜻한다고 말했다.

강력한 리더는 늘 창의적이었다. 그래서 그는 큰 그림을 보면 비전을 제시하고 문제를 해결하고 목표를 향해 나아갔다. 그리고 현재도 리더는 창의적이다. 창의적이기에 새로운 도전을 하고 혁신을 창조해낼 수 있고, 이러한 창조와 혁신을 유지시키고 새로운 변화를 만들어 간다. 아무리 시대가 변해서 여러 유형의 리더가 필요하다고 하지만 많은 유형에서도 창의적인 리더는 빠지지 않을 것이다. 변하는 유형에 '창의적'이라는 덕목이 더 필요한 존재로 각인될 것이다. 하지만 대중이 원하는 리더와 조직에서 원하는 리더에는 분명 차이가 있다. 대중은 추상적인 이미지의 리더, 시대의 영웅을 바라는 감성이 더 많지만, 조직에서는 현실화되어 있는 리더를 원한다. 영웅의 리더십은 혁신과 창조 만을 바탕으로 하여, 세상을 바꾸기 위해 정작 자신의 주위 사람들을 희생시킬 수 있지만, 현실적인 리더는 조직의 균형을 유지하며 문제를 해결하려는 사람이다. 어떤 의미에서 현실적인 리더는 '창의성과 리더십'을 갖춘 자여야 할 것이다.

창의성과 리더십에 있어 리더들의 여러 유형을 나누고 분석하지만, 리더는 조직의 결과에 따라 리더십을 평가 받기 때문에 창의성을 더 엄격하게 요구하게 된다. 리더가 내적으로 지니고 있는 가치 만으로는 훌륭한 리더라고 평가 받기는 힘들다. 또한, 리더의 평가는 내부와 외부가 다를 수도 있다. 대부분, 성공한 조직의 리더는 그 리더의 덕목과 관계 없이 명성을 얻게 되지만, 실패한 조직의 리더는 덕목을 갖추었다고 말하지 못한다. 하지만 리더와 조직도 서로 잘 맞아야 리더십이 발휘될 수 있다. 아무리 훌륭한 리더도 자신과 맞지 않는 분야의 조직, 혹은 성향이 다른 조직과 함께 일을 할 때, 그 어떤 노력을 해도 좋은 결과를 내기는 쉽지 않다. 그러므로 리더로서 실패하지 않기 위해서는 창의성을 지녀야 하는 것이고 그만큼의 노력을 필요로 한다.

그렇다면 리더는 비전을 제시하고 조직을 이끌어 나아가는 선봉대 역할만 하면 되는 것일까, 아니면 창의적인 멘토의 역할을 함께 담당하여, 또 다른 리더가 탄생할 수 있도록 도와야 하는 것일까, 라는 의문이 생긴다.

창의성과 리더십에 대한 연구가 활발하던 시기에 여러 종류의 리더십을 연구하였다. 변혁적 리더십, 거래적 리더십 그리고 서번트 리더십 등 리더십의 종류는 갈수록 늘어나고 있고, 시대가 변하면서 점점 겸손한 리더십이 중요하게 떠오르고 있다. 아마 소셜 미디어의 발전에 의해서 경영진의 행동이 대중에게 더 투명하게 전달되기 때문이 아닐까 싶다. 또한 사회적 구조가 바뀌어 가는 것도, 세대가 바뀌는 것 모두 리더십의 변화에 영향을 주는 요소일 것이다.

변혁적 리더십은 앞으로의 미래와 비전을 제시하는 것이다. 그렇기에 리더 자신에게 많은 창의성을 필요로 한다. 엘킨과 켈러Elkins and Keller, 2003는 변혁적 리더십은 직장에서 필요로 하는 혁신과 창의성의 요소라고 볼 수 있다. 이러한 요소는 자율성과 혁신을 위한 지지, 인정 그리고 도전이라고 했다. 변혁적 리더가 경영하는 대부분의 기업은 창의적이라는 칭송을 받는다. 그리고 이러한 리더는 조직원들에게 영감을 불어넣어 줄 수 있는 리더이기도 하다.

거래적 리더십는 변혁적 리더십보다는 조금 더 현실적이다. 소식Sosik, 1998은 거래적 리더십에 대해서 구성원들이 성과를 달성할 때 보상을 해주는 것이며, 거래에 근거하는 성향이 있다고 하였다.

리더 한 명의 이데올로기와 신조(信條)에 따라 내부 구성원들이 감당 해야 하는 업무 외에도 감정적인 기폭이 넓어진다. 창의성 연구에서 주장하는 수직적 멘토링과 수평적 멘토링에 비유하면 위의 상반되는 두 가지 유형의 리더십은 수직적이다. 수평적 멘토링은 슈퍼리더십과 서번트 리더십에 해당하게 되며 카리스마적 리더십은 양쪽 모두에 해당된다고 볼 수 있다.

카리스마는 변혁적 리더십에서도 필요한 요소이다. 리더에게 카리스마는 덕목이라고 할 수 있는 만큼 중요하다. 카리스마가 없으면 조직원들로 하여금 리더의 말에 귀를 기울이게 만든 것이 힘들 것이다. 그래서 서번트 리더십이라고 하여도 분명히 카리스마는 존재할 것이다. 다만 부드러운 카리스마인지 매서운 카리스마인지에 따라 리더의 유형에 많은 영향이 있을 것이다.

'카리스마charisma'라는 단어는 그리스어로 성경 중 사도 바울의 서신에서 최초로 발견하였으며, 애초에 하나님이 주신 특별한 재능을 가르키는 종교적인 개념으로 탄생하였다. 초기 그리스도교 교회에 존재하는 이러한 의미를 20세기 초, 막스 베버Max Weber가 사회학에서 다듬어진 제한된 범위로 만들었고 그 이후 우리가 알고 있는 뜻으로 사용되고 있는 것이다. 베버에 따르면 카리스마는 한 개인의 특징으로 사용된다. 그리고 이 특징으로 하여금 특별한 능력을 가지고 태어난 사람으로 보인다고 하였다. 그렇기 때문에 카리스마는 내적으로든, 외적으로든, 모든 리더 뿐 아니라 사회를 대표하는 사람들에게서 뿜어져 나오는 아우라라고 보기도 한다.

가장 이상적인 구조는 리더의 통합과 조직의 융합이다. 리더는 위에 거론된 여러 가지 유형 중 한 카테고리화 되지 않고, 여러 종류의 리더십을 창의적으로 포용하는 것이다.

그렇다면 창의적인 리더 또한 모두 같은 방식으로 창의성을 발휘하며, 창의적인 조직을 만들 수 있는 것 일까.

여기서 두 가지 유형의 창의적인 리더를 관찰할 수 있다.

첫 번째 유형은 창조적 리더로 자신의 창의성으로 조직을 시스템화 하고, 자신의 아이디어로 생산품을 결정하는 리더다. 이러한 유형은 리더의 부재로 조직이 크게 흔들릴 수 있다는 단점이 있다.

현재 스티브 잡스가 떠난 애플이 이 예를 가장 잘 보여 주고 있다. 조직은 리더에 따라 많은 변화가 생기지만, 창조적 리더형 일 경우, 그 파동이 훨씬 크다. 창조적 리더는 위에 거론 되었던 다른 유형의 리더십도 내포하고 있기 때문이다.

두 번째 유형은 융합형 리더로, 자신이 창의적인 아이디어를 내놓기 보다는 조직 자체가 창의적일 수 있도록 뒷받침해 주는 리더다. 어떤 면에서는 서번트 리더십과 비슷하지만, 조직의 융합 뿐 아니라, 조직 내에서 창의적인 아이디어들이 많이 발생하게 만드는 리더다.

창조 경영이 핫이슈가 되고 있는 현재는, 논리적이고 경영에 관한 지식이 발달되어 있으며 비교적 시스템화가 쉬운 좌뇌형 리더 보다는 예술성이 강한 우뇌형 리더를 찾고 있음이 분명하다. 이 말은 이 책에서 강조하고 있는 창의성이 인문학적인 것을 기초로 해야 한다는 말과 상통하다. 창의적인 사람들은 의외로 자신만의 시스템화가 확고하며, 많은 지식을 예술성으로 승화시키기 때문에 통합된 사고가 필요하다. 예술성만 강한 사람은 본인 자신과의 균형을 맞추기 어려워 조직의 균형을 이루지 못하며, 또한 그렇게 됨으로써 당연히 시스템화로 전환되기 힘들고, 구조적인 문제가 발생한다. 그래서 현대의 리더는 좌뇌, 우뇌를 다 사용하는 창의성을 지닌 리더여야 한다. 이것을 이 시대가 요구하기 때문이다.

또한 현대의 리더는 사람들을 이끄는 의무 외에도 멘토의 역할도 해야 하고 친구 같은 편안함을 선사할 때도 있어야 한다. 그렇기 때문에 리더의 덕목도 늘어나야 하며 능력도 많아져야 하는 것이 현실이다. 게다가 점점 개성이 강한 사람들이 모여서 조직을 이루기 때문에 조직원들의 목소리에 귀를 기울이고 그들을 어우를 수 있는 능력이 더 필요해진 것이다. 그래서 더 많은 지식과 경험이 필요한 것이기도 하다.

창의성이 리더 속에서 융합이 되기 위해서는 수많은 모순과 파라독스를 극복해야 만 정확한 결정을 내릴 수 있다. 그래서 훌륭한 리더일수록 지식을 바탕으로 한 감각이 뛰어난 사람이다. 가장 결정적인 순간에는 지식 또한 분석보다는 직감이 더 뛰어난 결정을 내릴 수 있도록 도와주기 때문이다. 심리학자 어셔와 연구자들Usher et al., 2013은 인간의 뇌 속에는 많은 정보가 흡수 되어 있기 때문에 가치있는 결정을 할 수 있다고 하며, 그들의 연구 결과 사람이 지닌 직감의 90%는 들어 맞는다고 하였다. 하지만 이러한 직감도 연습을 통해서 이루어지는 것 같다. 꾸준한 연습과 실패를 통해 내 직감이 맞는지 맞지 않는지 정확하게 알 수 있게 되는 것 같다. 왜냐하면 10%의 직감은 틀린 느낌이기 때문에 창의적인 리더가 되기 위해서는 올바른 직감을 길러 내는 것이 가장 중요하다. 그리고 이러한 직감을 길러내기 위해 꼭 업무와 관련된 일이 아니라 취미 혹은 다른 분야의 깊은 지식을 갖는 것도 좋은 방법이다. 이러한 이유에서 CEO 들을 보면 꼭 전문가 못지 않은 기술이나 지식의 취미가 있는 것을 종종 볼 수 있다.

20세기 초에는 대량 생산을, 20세기 중반부터는 품질을 중시했기 때문에 기술과 시스템화가 많은 비중을 차지하여 예술성이 잠시 잊혀졌지만, 이로 인해 더 이상의 혁신을 추구할 수 없는 20세기 후반과 21세기 초에는 다시 문화와 예술의 부활 시기로 회귀한 것 같다. 그래서 보다 더 창의성이 절실한 시기이다.

레드몬드와 연구자들Redmond et al., 1993에 따르면 리더들은 자원을 제어하면서 조직, 팀, 집단에게 그들이 어떤 역할을 할지 결정한다. 이런 이유로 인해 자신의 창의성에 도전을 받고, 또한 창의적인 조직을 만들기 위해 또 한 번 도전을 받는다. 그래서 리더들은 자신의 내부 자원을 스스로 통제할 수 있고, 자신의 능력과 인성을 끊임없이 발전시킬 수 있을 때, 이러한 자기 관리가 빛날 때, 창의적인 리더로 거듭날 수 있다.

창의적인 리더는 어떠한 선택을 해도 옳은 선택이 될 것이고, 그의 결정이 시대와 공간을 다 어우르는 업적이 될 것이다. 그렇기 때문에 우리는 창의적인 리더가 세상에 나오면 기대를 가지고 그를 선망하고 우러러보게 되는 것이다. 그리고 앞으로 그가 내릴 결정을 궁금해 하고 그의 발자취를 따라갈 것이다.

참고문헌

- Alexander, V. D. (2003). *Sociology of the arts.* Wiley.
- Amabile, T. A. (1988). Model of Creativity and Innovation in Organizations. *Research in Organazational Behavior,* 10.
- Amabile, T. (1996). *Creativity in Context. Westview Press,* Boulder, Colorado.
- Andreasen, N. C. (2005). *The creating brain: The neuroscience of genius.* New York: Dana Press.
- Anthony, S. (1993). *The Dynamics of Creation.* Random House Publishing Group.
- AT커니, 매일경제 Creative Korea 팀(2005). 창조혁명 보고서. 매일경제신문.
- Basadur, M. S. (1994). Managing the creative process in organizations. In M. A. Runco (Ed.), *Problem fiding, problem solving, and creativity.* Norwood, NJ: Ablex.
- Basadur, M. S. & Hursdorf, P. A. (1996). Measuring divergent thinking attitudes related to creative problem solving and innovation management. *Creativity Research Journal,* 9(1), 21–32.
- Basadur, M. S., Runco, M. A., & Vega, L. (2000). Understanding how creative thinking skills, attitudes, and behaviors work together: A causal process model. *Journal of Creativity Behavior,* 34, 77–100.
- Belbin, R. M. (1981). *Management Teams, Why They Succeed or Fail.* London: Heinemann.
- Berdyaev, N. (1954). *The meaning of the creative act* (D. Lowrie, Trans.). New York: HarperCollins. (Original work published 1914).

- Bernstein, J. S. (2007). *Art marketing insights*. Jossey–Bass. C. A.
- Borden, M. A. (2004). *The Creative mind: Myths and Mechanisms*, (2nd ed.). Routledge.
- Campbell, D. T. (1960). Blind variation and selective retention in creative thought as in other knowledge processes. *Psycological Review*, 67, 380–400.
- Casti, J. L. (2010). *Mood Matters : From rising skirt lengths to the collapse of world powers*. Springer.
- Caves, R. E. (2000). *Creative industries: Contracts between art and commerce*. Harvard university press. Cambridge, Massachusetts and London, England.
- Clydesdale, G. (2006). Creativity and competition: The Beatles. *Creativity Research Journal*, 18, 129–139.
- Cropley, D. H.; Kaufman, J. C.; Cropley, A. J. (2011). Measuring Creativity for Innovation Management. *Journal of Technology Management & Innovation*, 6(3), 13–30.
- Crovitz, H. F. (1970). *Galton' s walk*. New York: HarperCollins.
- Csikzentmihalyi, M. (1996). *Creativity: Flow and the psychology of discovery and invention*. New York: HarperCollins.
- Dacey, J. S., Lennon, K., & Fiore, L. (1998). *Understanding Creativity: The Interplay of Biological, Psychological, and Social Factors*. San Francisco: Jossey–Bass. (pp. 16, 18–19)
- Dawson, C. (1954). *Medieval essays*. New York: Image Books.
- Drucker, P. F. (1974). Management Task, Responsibilities, Practices. Harper & Row, New York.
- Duff, W. (1767). *An essay on original genius*.

- Elkins T, Keller RT. (2003). Leadership in research and development organizations: a literature review and conceptual framework. Leadership Quarterly.
- Ericsson, K. A., & Charness, N. (1994). Expert performance: Its structure and acquisition. *American Psychologist*, 49(8), 725-747.
- Eysenck, H. J. (1995). *Genius: The natural history of creativity*. Cambridge, England:Cambridge University Press.
- Feist, G. (1998). A meta-analysis of personality in scientific and artistic creativity. *Personality and Social Psychology Review*, 4, 290-304.
- Ferguson, L. (1992). A Report on Archaeological Testing of the St. Philip's Moravian Church and Parish Graveyard. *Report submitted to the Winston-Salem, Forsyth County, Kernersville Preservation Council*. Copies on file at Old Salem, Inc., Winston-Salem, North Carolina.
- Florida R., Tinagli I., (2004), *Europe in the Creative Age*. Carnegie Mellon Software Industry Publishing.
- Galton, F. (1870), *Hereditary genius: An inquiry into its laws and consequences*.
- Galton, F. (1879), *Psychometric experiments*.
- Ghiselin, B. (1963).Ultimate criteria for two levels of creativity. In C. W. Taylor & F. Barron (Eds.), *Scientific creativity: Its recognition and development*, 30-43. New York: Wiley.
- Goodwin, D.W. & Jamison, K. R. (1990), *Manic Depressive Illness*. New York: Oxford University Press.
- Gordon, W. J. J. (1961). *Synectics: The development of creative capacity*. New York: Harper & Row.

- Guilford, J. P. (1950). Creativity. *American Psychologist,* 5, 444–454
- Hadas, M. (1965). The Greek paradigm of self control. In R. Klausner(Ed.), *The quest for self control.* New York: Free Press.
- Hauser, A. (1951). *A Social History of Art*, 2 vols.
- Helson, R. (1999). Institute of personality assessment and research. In M. A. Runco & S. Prizker (Eds.), *Encyclopedia of Creativity*, 71–79. San Diego: Academic Press.
- Hunter, S. T., Bedell, K. E., & Mumford, M. D. (In press). Climate for creativity: A quantitative review. *Creativity Research Journal.*
- Isaksen, S. G., Lauer, K. J., Ekvall, G., & Britz, A. (2000–2001). Perceptions of the best and worst climates for creativity: Preliminary validation evidence for the situational outlook questionnaire. *Creativity Research Journal,* 13, 171–184.
- Ishikawa, Y. (2006). *Knowledge Management on practice.* Diamond Inc.
- Jackson, P. W., & Messick, S. (1965). The person, the product, and the response: Conceptual problems in the assessment of creativity. *Journal of Personality, 33*(3), 309-329.
- Jamison, K. R. (1993). *Touched with fire: Manic–depressive illness and the artistic temperament.* Free Press.
- Jaynes, J. (1986). Consciousness and the voices of the mind. *Canadian Psychology/Psychologie canadienne, 27*(2), 128-148.
- Jung, D. I. (2000–2001). Transformational and transactional

leadership and their effects on creativity in group. *Creativity Research Journal,* 13, 185–195.

- Kaufman, J. C. (2009). *Creativity 101.* Springer publishing company, LLC, New York.
- Kaufman, J. C. & Beghetto, R. A. (2009). Beyond Big and Little: The Four C Model of Creativity. *Review of general psychology,* 13(1).
- Kelly, T. (2007). *The Art of Innovation: Lessons in Creativity from IDEO, America's Leading Design Firm.* Crown Publishing Group.
- Kinney, D., Richards, R,. Lowing, P.A., LeBlanc, D., Zimbalist, M. E., & Harlan, P. (2000–2001). Creativity in offspring of schizophrenic and control parents: An adoption study. *Creativity Research Journal,* 13, 17–25.
- Levitin, D. J. (2006). *This is your brain on music.* Dutton.
- May, R. (1994). *The Courage to create.* New York: Norton. (Original work published in 1975).
- Miller, A. I. (1996). *Insight of genius: Imagery and creativity in science and art.* New York: Springer-Verlag.
- Moon, Y. M. (2011). *Different: Escaping the Competitive Herd.* Crown.
- Moser-Wellman, A. (2001). *The Five Faces of Genius.* Viking Penguin. New York.
- Mullen, B., Johnson, C., & Salas, E. (1991). Productivity Loss in Brainstorming Groups: A Meta-Analytic Integration. *Journal Basic and Applied Social Psychology,* 12, 3–23.
- Nicol, J. J. & Long, B. C. (1996). Creativity and perceived stress of female music therapists and hobbyists. *Creativity Research Journal,* 9(1), 1–10.

- Ochse, R. (1990). *Before the gates of excellence: The determinants of creative genius*. Cambridge University Press.
- Ohlsson, S. (1992). Information–processing explanations of insight and related phenomena. In M. T. Keane & K. J. Gilhooly (Eds.), *Advances in the psychology of thinking, 1*, 1–44. New York: Harvester Wheatsheaf.
- Patrick, H. (2009). *The Truth about Creativity*. Prentice Hall Business.
- Peters, T., & Waterman, R. Jr. (1982). *In Search of Excellence*. New York: Harper and Row, Publishers.
- Potts, J. (2009). *A History of Charisma*. Palgrave Macmillan.
- Rasiel, E. M. (1999). *The McKINSEY WAY*. New York, NY: McGraw–Hill.
- Redmond, M. R., Mumford, M. D. and Teach, R. (1993). Putting creativity to work: Effects of Leader Behavior on Subordinate Creativity. *Organizational Behavior and Human Decision Processes*, 55(1), 120–151.
- Rhodes, M. (1961). An Analysis of Creativity. *Phi Delta Kappan*, 42, 305–311.
- Rogers, V. (1995). Elizabeth Layton: Maverick model of personality growth in later life. In B. Panter, M. Panter, E. Virshup, & B Virship (Eds.), Creativity and madness: *Psychological studies of art and artists*. Burbank, CA: Aimed Press.
- Root–Bernstein, R. & Root–Bernstein M. (1999). *Sparks of Genius: The thirteen thinking tools of the world' s most creative people*. Houghton Mifflin: New York.
- Rothenberg, A. (1990). Creativity, mental health, and alcoholism. *Creativity Research Journal*, 3, 179–201.

- Rubenson, D. L. & Runco, M. A. (1992). The psychoeconomic approach to creativity. *New Ideas in Psychology,* 10, 131–147.
- Rubenson, D. L. & Runco, M. A. (1992a). The economics of creativity, and the psychology of economics: A rejoinder. *New Ideas in Psychology,* 10, 173–178.
- Runco, M. A. (2005). Motivation, competence, and creativity. In A Elliott & C. Dweck (Eds.), *Handbook of achievement motivation and competence,* 609–623. New York: Guilford Press.
- Runco, M. A. (2006). What the recent creativity research suggests about innovation and entrepreneurship. *Annual Norwegian Business Economic and Finance Conference.* Bergen, Norway.
- Runco, M. A. (2007). *Creativity Theories and themes : Research, Development, and Practice.* San Diego, CA: Elsevier Academic Press.
- Runco, M. A. (Ed). (1994). *Problem finding, problem solving, and creativity.* Norwood, NJ: Ablex
- Sass, L. A. & Schulberg, D. (2000–2001). Introduction to the special issue: Creativity and the schizophrenic spectrum. *Creativity Research Journal,* 13, 1–4.
- Sawyer, K. (2007). *Group Genius.* Basic Books, A member of the Perseus books group.
- Scott, M. E. (1985). How stress can affect gifted/creative potential: Ideas to better insure realization of potential. *Creative Child and Adult Quarterly,* 10, 240–249.
- Seitz, J. (2003). The political economy of creativity. *Creativity Research Journal,* 15, 385–392.

- Seyle, H. (1988). *Creativity in basic research.* In F. Flach (Ed.), Creative mind, 243–268. Buffalo NY: Bearly Limited.
- Simon, H.A. (1986). The information–processing explanation of Gestalt phenomena. *Computers in Human Behavior*, 2, 241–255.
- Simonton, D. K. (1988). Quality and purpose, quantity and chance. *Creativity Research Journal,* 1, 68–74.
- Simonton, D. K. (1990). In M. A. Runco & R. S. Albert (Eds.), *Theories of creativity.* Newbury Park, CA: Sage.
- Simonton, D. K. (1995). Foresight in inght? A Darwinian answer. In R. J. Sternberg & J. E. Davidson (Eds.), *The nature of insight,* 465–494. Cambridge, MA: MIT Press.
- Simonton, D. K. (1999). *Origins of genius: Darwinian perspectives on creativity.* New York: Oxford.
- Simonton, D. K. (2003). Scientific creativity as constrained stochastic behavior: The integration of product, person, and process perspectives. *Psychological Bulletin,* 129, 475–494.
- Sosik, J. J., Kahai, S. S., & Avolio, B. J. (1998). Transformational leadership and dimensions of creativity: Motivationing idea generation in computer–mediated groups. *Creativity Research Journal,* 11, 111–121.
- Sternberg, R. J. (1988). *The triarchic mind: A new theory of human intelligence.* New York: Viking.
- Sternberg, R. J., & Grigorenko, E. L., & Singer, J. L. (2004). *Creativity from Potential to Realization.* Washington, DC: American Psychological Association.
- Sternberg, R. J., & Lubart T. I. (1996). Investing in creativity. *American Psychologist*, 51, 677–688.
- Usher, M., Konstantinos, T., Yu, E., & Lagnado, D., (2013).

Dynamics of decision-making: from evidence accumulation to preference and belief. *Frontiers in psychology*, 4(758).

- Wallas, G. (1926). *The art of thought*. Orlando, FL: Harcourt Brace.
- Weisberg, R. W. (1986). *Creativity: Genius and other myths*. New York: Freeman.
- Weisberg, R. W. (1995). Prolegomena to theories of insight in problem solving: Definition of terms and a taxonomy of problems. In R. J. Sternberg & J. E. Davidson (Eds.), *The nature of insight*, 157-196. Cambridge, MA: MIT Press.
- Weisberg, R. W. (2006). *Creativity: Understanding Innovation in problem solving, science, invention, and the arts*. John Wiley & Sons, Inc.
- West, M. A., & Farr, J. L. (Eds.) (1991). *Innovation and creativity at work*. Chichester: Wiley.

- 문성원 (2012). 해제와 윤리: 변화와 책임의 사회철학, 그린비.
- 박기찬, 이윤철, 이동헌 (2005). 경영의 교양을 읽다-고전편, 더난.
- 박기찬, 이윤철, 이동헌 (2005). 경영의 교양을 읽다-현대편, 더난.
- 연세대학교 창조경영센터 (2008). 창조경영을 논하다, 연세대학교 출판부.
- 정철현 (2008). 문화 정책과 예술경영, 서울경제경영.
- 조동성 (1997). 21세기를 위한 전략경영, 서울경제경영.
- 조동성, 산업정책연구원 지속경영본부 (2011). 지속경영의 이론과 실천, 서울경제경영.

피아니스트 **송세진** | 서울과학종합대학원 교수

피아니스트 송세진은 러시안 피아니즘의 정통 계승자로 러시아 특유의 세밀하고 정확한 리듬감과 파워풀한 터치로 감성을 최고도의 테크닉으로 구사해 내는 "소리의 마술사"라 칭송 받는다. 한국인 최초로 모스크바 국립 차이콥스키 음악원 부속 중앙음악학교와 모스크바 국립 차이콥스키 음악원을 수석 졸업한 뒤 동 음악원에서 "러시아 국민악파 5인조의 피아노 세계"로 음악박사를 취득하였고 러시아 음악 전문 피아니스트로 각광받고 있다.

2001년 모스크바 "라흐마니노프 기념 국제 콩쿠르" 1위, 1994년 신시네티 국제 피아노 콩쿠르 1위 입상, 모스크바 필하모닉, 뉴저지 필하모닉, 베를린 캄머 필하모닉과 협연 했으며 현재도 활발한 연주활동을 하고 있다.

연주자로써 2007년 한국예술평론가협의회 "제 27회 주목할 예술가"상, 2005년 한국예술진흥원 "신진예술가"상, 그리고 2015년에 신진여성문화인상을 수상하였고 2010년 G20 정상회담 때 한 · 러회담 기념 초청연주를 청와대에서 가졌다.

2007년 부터 "슬라브 음악" 국제 피아노 콩쿠르 심사위원, "이슬라메이" 피아노 콩쿠르 심사위원, 2011년부터는 "오픈 유럽 페스티벌" 심사위원으로 활동하였고 "클래식 유산" 국제 피아노 콩쿠르 심사위원도 활동 중이다.

유튜브 〈Sejin SONG pianist 송세진〉 채널을 통해 연주를 감상할 수 있다.

창조를 위한
창의학 콘서트(제2판)

2013년 6월 13일 | 1판 발행
2020년 6월 5일 | 2판 1쇄 인쇄
2020년 6월 10일 | 2판 1쇄 발행

지 은 이 | 송세진
발 행 인 | 김은중
발 행 처 | 서울경제경영출판사
북 디 자 인 | (주)우일미디어디지텍

주 소 | 03767 서울특별시 서대문구 신촌로 205, 506호
전 화 | 02)313-2682
팩 스 | 02)313-8860

등 록 | 1998년 1월 22일 제5-63호

ISBN : 979-11-6282-075-9 (93120) 정가 18,000원

※ 잘못된 책은 바꾸어 드립니다.